JN409495

# 닭고기 간다

# 닭고기 간다

이효순 수필집

수필과비평사

■ 머리글

## 청포도가 익어가는 칠월에

여름바람이
열린 창으로 불어옵니다.
교단의 텃밭에서 삶을 가꾼 지
서른일곱 살이 되었습니다.

아기들의 웃음 속에
행복을 찾고
그 맑은 눈망울에
내 마음을 담았습니다.

내 빛이 바래질수록
그 눈동자는 초롱초롱 빛났고
사랑은 더 진해졌습니다.

오늘이 있기까지
내 삶을 인도해주신 하나님
늘 곁에서 말없이 격려해 준 가족과 동료
두 번째 책을 엮는 데 도움주신 유인실 교수님께 진심으로
감사드립니다.

2013년 봄까치 언덕에서 이효순

■ 목차

2부

# 조팝꽃 피는 언덕

3부

## 닭고기 간다

4부

# 낙엽을 밟으며

1부

# 5000원의 행복

# 손편지



"목련꽃 그늘 아래서 베르테르의 편질 읽노라."

이 계절이 되면 박목월님의 4월의 노래가 생각난다. 그 노래를 부르며 봄을 맞이하던 여고시절은 푸르름으로 눈과 마음이 가득 차 있었다. 아득히 먼 시절이었지만 그때를 생각하면 마음이 설렌다. 유난히 편지쓰기를 좋아했던 나는 세월이 많이 흐른 지금까지 그 끈을 놓을 수가 없다.

만물이 소생하는 봄이 오면 편지를 쓰고 싶은 마음에 볼펜이나 만년필을 잡게 된다. 왠지 추스르지 못하는 감정을 손으로 적어 마음 한곳에 자리 잡고 있는 사람들, 내가 사랑하는 사람들에게 보내고 싶다.

며칠 전에 봄 빛깔이 담긴 편지지에 손 편지를 몇 장 썼다. 가깝게 지내던 지인들에게 틈새 시간을 내어 쓴 우편으로 전해진 편지는 서로의 믿음과 기쁨으로 생활의 활력소가 되었다. 친밀감이 더해진 삶은 윤택해지고 평안해진다. 편지를 받을 때의 기분은 써서 보내고 받은 사람만이 알게 된다.

언제부터인지 '손편지'라는 단어가 어색하지 않을 정도로 현실은 디지털 문화에 많은 사람들이 포로가 되어 살아가고 있다. 스마트폰의 등장과 더불어 사람이 소외되고 기계와 상호작용하므로 사람과의 어울림이 오히려 어색한 느낌마저 든다. 느리지만 그 사람을 생각하며 쓰는 편지는 더 정감 어린 감정을 전할 수 있다.



편지라는 말이 손편지라는 말로 언제부터 그렇게 되었는지 은연중에 변했다. 빠르게 변하는 정보화의 물결 속에 이메일, 페이스북, 문자 메시지에 밀려 골동품처럼 여겨 생소한 느낌의 손편지라는 말로 바뀌어가고 있다.

젊은 시절 유난히 편지를 많이 썼던 것은 아마 말이 별로 없는 성격이기에 글로 마음을 표현했던 것 같다. 비 내리는 날은 밤이 이슥하도록 친구들에게 편지를 썼다. 객지의 외로운 산마을 생활은 내면적으로 풍성한 삶을 누릴 수 있는 나를 만들어 주었다. 그때는 잉크를 찍어(묻혀) 펜으로 글씨를 썼다. 날렵한 펜으로 쓰는 글씨는 힘이 있고 나름대로 개성이 있어서 옥양목에 풀을 먹여 다림질한 베갯잇처럼 상큼한 느낌을 갖게 했다.

편지는 사람의 마음을 가장 순수한 감정으로 만드는 힘이 있다. 작은 손으로 써내려간 글씨는 컴퓨터 자판으로 두드린 활자체 글씨처럼 고르지는 않지만 조금 모자람이 있는 부분에 그 사람의 체취가 묻어 있고 마음이 담겨 있기에 더 정이 간다. 요즈음처럼 인성을 강조하지 않아도 그 사연 속에 서로의 정이 녹아있어 자연스럽게 소통이 되고 서로를 배려할 수 있는 여유가 생긴다.

출근길에 먼저 눈길 닿는 이웃집 담장 안에 하얗게 핀 목련이 나를 부르는 듯하다. 어느새 우리 집 작은 앞뜰에는 봄꽃들이 하나 둘 피기 시작한다. 흰진달래, 털진달래, 노루귀, 앵초, 금새우란과 탐스런 윤판나물의 꽃봉오리까지.

오늘은 봄꽃들의 고운 소식을 내 마음과 함께 손편지에 적어 보내고 싶다.

마음에 남은 그리운 사람들에게.

# 친구의 저녁초대



퇴근 무렵에 친구에게 전화가 왔다. 시간 있으면 자기 집에 가서 저녁 먹고 가라는 정이 담긴 목소리였다. 우린 초등학교 동기동창으로 많은 세월 같은 방향을 바라보며 사는 현직에 있는 친구들이다. 지난번에 분갈이하여 심은 홍휘 화분을 챙겨서 그 친구를 따라 도착한 곳, 넓은 아파트 공간이 시원하게 눈으로 들어왔다.

흰 애완견이 몇 번 짖더니 꼬리를 흔들며 내 무릎에 와서 앉는다. 이런 모습에 익숙하지 않아 어색했지만 머리를 쓰다듬으며 자연스럽게 안아 주었다.

안목 있게 배치된 가구들과 소품들이 화가의 집답게 세련되어 있었고 몇 년 전에 전시회 축하로 보낸 나도풍란의 꽃대가 두 대나 올라와 있었다.

친구가 손수 지어준 저녁을 먹으며 오랜만의 행복에 젖었다. 우리나이 또래는 모두 헌신만 하고 자식이 결혼해도 식사 한 끼를 제대로 얻어먹지 못하는 것이 현실이고 보니 이런 시간들이 한없이 소중하게 생각되었다. 식탁은 채식 위주의 상큼한 식단으로 차려졌다.

청국장과 함께 먹는 저녁, 이야기꽃을 피우며 넷은 소녀시절로 돌아갔다. 친구 남편은 아직 학교에서 퇴근 전이라 우린 부담 없이 여름 방학 때 여행할 이야기를 나누며 맛있게 저녁을 먹었다.

언제부터인가 우리의 미풍양속인 나눔의 문화가 서서히 사라져가고 있다. 그리고 초대를 해도 모두 음식점 일색이다. 바쁜 현대생활에 얽매어 정이 담긴 소통의 관계가 점점 멀어져가고 있다. 나는 우리 집으로 손님들을 초대한 것이 언제였는지, 아마 이십 년도 넘은 것 같다. 그렇게 건조하게 살아왔다. 이에 비하면 오늘 같은 저녁 초대는 얼마나 값진 것인지 말로 표현하기가 어렵다.

돌아가신 친정어머니가 집안에 새사람이 시집오거나 친척들이 출가한 후 고향에 왔을 때는 반드시 특별한 반찬은 아니지만 집으로 초대하여 식사를 나누던 기억이 생생하다. 반찬은 푸성귀에 조금 더해서 동태찌개, 콩자반 정도였다. 그때마다 나는 아궁이 앞에 앉아서 다 타고난 불씨에 김을 굽는 일을 도왔다. 새까만 석쇠에 들기름을 발라 굽는 김은 요리 중의 요리였다.

그렇게 사람들을 불러 사람 사는 정을 음식으로 나누셨다. 그런 어머니의 정을 보고 자란 나는 너무 바쁘다는 핑계로 친척들을 우리 집으로 초대해 본 적이 거의 없다. 그런 것을 생각하면 참 한심하다는 생각도 들고 나도 세상의 각박한 삶에 보이지 않게 젖어 살아온 것 같다.



올케는 형제들이 많은 집안에서 자라 가끔 우리 식구들을 집으로 초대하여 함께 음식을 먹으며 정을 나눈다. 나의 삶을 돌아보면 그동안 스무 살에 집을 떠나 객지로 직장 따라 다니며 무엇을 남겼는지…….

자식 뒷바라지에 공부시킨 것, 그리고 어머니 모시고 여섯 식구 살아온 것 뿐이다. 동기간 간의 우애도, 어머니와 아버지께서 그렇게 끔찍하게 나누시던 정도 뒤로하고 삭막하게 살아왔다. 늦었지만 삭막한 마음에 따뜻한 봄바람을 불어 넣고 싶다.

친구의 아파트 문을 나와 깜깜한 하늘을 바라보니 별이 떠서 깜박이고 있었다.

# 여름휴가



여름휴가는 바다를 많이 찾는다. 다른 해보다 유난히 더운 여름을 바다에서 보내는 사람들 때문에 매스컴의 화면은 온통 물빛으로 가득하다. 60년을 넘게 살아오며 바다를 찾은 것은 다섯 손가락 안에 들 정도다. 이번 여름은 특별한 휴가를 떠났다.

고속도로는 쏟아지는 장마로 인해 달리는 승용차 앞을 구분하기 힘들었다. 빗줄기가 쉴 새 없이 유리창을 가려서 운전하는 남편이 불안해 보였다. 천둥과 번개를 동반하여 겁도 났다. 그렇게 긴장한 끝에 2시간을 넘게 청원-상주 고속도로를 달려 김천에 도착하니 여름햇살이 차창을 밝게 비치고 있었다.

숙모 내외가 사는 곳은 고속도로 가까운 마을 초입에 있었다. 길옆에 연꽃이 핀 작은 연못과 아름드리 느티나무가 선명하게 기억에 남는다.

몇 년 전부터 이곳을 오가며 명절에는 작은 선물도 보내드리고 가을엔 우리 도의 특산품인 충주사과도 보내 드렸다. 먼 곳에 살기 때문에 마음이 담긴 정情을 이렇게 표현하는 것이 아쉬웠다. 내 나이보다 어린 숙모는 직장생활하며 바쁘다고 친정어머니처럼 김장김치도 해서 보내주고 고춧가루며 고구마, 마, 도토리가루도 보내 주었다.

외아들인 남편은 가까운 동기간이 별로 없고, 제일 가까운 친척이 칠촌뻘 되는 숙모내외다. 아버님께서 살아계실 때, 어린 남편을 데리고 한 번씩 가 보았기 때문에 그때 기억을 더듬어 가끔 찾아뵙는 것 같았다.

친절하게 맞아 주시는 내외분, 농사일로 널브러진 집이지만 전혀 어색하지 않았다. 젊을 때는 그렇게 사는 것들이 구질구질해 보였는데 나이가 들어서인지 자연스럽게 받아들이게 되었다. 농촌에서 자라서 그런 것들이 낯설지 않고 사람 사는 냄새가 배어있어 정겨웠다. 돌담, 감나무 아래는 숙부님이 사냥할 때 데리고 다니는 흰 바탕에 갈색 무늬가 있는 포인터도 꼬리를 흔들며 우리를 반겨주었다.

방에 들어서자 숙모는 밭에서 작업복 차림으로 돌아오셨다. 금세 포도밭에서 따온 청포도는 물방울이 송송 묻어있어 입맛을 돋우었다. 숙모는 우리들이 방에서 이야기를 나눌 때 까만 비닐에 싼 참기름 한 병을 살며시 내 손가방에 넣어 주셨다. 친정어머니는 살아계실 때 사촌언니들이 우리 집에 오면 콩, 팥, 동부, 참깨도 보따리에 조금씩 싸주셨었다. 숙모를 보며 지난시절 어머니의 모습을 떠올렸다.



점심때 마을의 작은 식당에서 보신탕을 함께 먹으며 모처럼 사람사는 이야기를 나누었다. 남편도 이런 곳에서 마음 편하게 살고 싶은 모양이다. 식사 후 숙모는 포도와 아직 덜 익은 복숭아를 상자에 담아 트렁크 뒤에 실어주셨다.

떠나기 전 잠시 숙모댁 텃논에 서서 도랑을 바라보니 미꾸라지가 물이 빠져가는 곳곳에서 꿈틀거리고 있었다. 내려가서 손으로 움켜잡고 싶은 마음이 간절했지만 눈요기만 하였다. 아직도 자연이 그대로 살아 숨 쉬는 농촌에 정이 갔다. 마침 내가 살던 어린 시절 고향에 온 기분이었다.

연자방아 옆에 흐르던 작은 도랑물, 여름장마가 지고 가면 얕은 물에 올라오던 작은 물고기들, 고무신을 벗어 물고기를 잡던 기억이 아련했다. 고향도 다 도시의 건물 속에 묻혀 아무 것도 보이지 않으나 이곳에서 나는 고향의 부모님을 만났다. 지금은 고인이 되어 이승을 떠나셨지만…….

김천의 초록으로 마음을 적신 채 여름휴가는 저녁노을 속으로 빠져들었다.

# 원예치료

24

지난 월요일 순천을 다녀왔다. 그 후 매우 피곤하여 감기가 다시 도진 것 같다. 며칠 동안 콧물과 눈물, 재채기로 계속 화장지를 적셨다. 허리디스크를 치료 중인데 다시 감기약을 처방받아야 하나 걱정이 앞섰다.

아침 식사를 마치고 남편과 함께 꽃밭 정리를 시작했다. 옥상으로 올라가 죽은 아젤리아 화분과 금불초를 옮겨 심고 지난해 피었던 바위솔 꽃대도 잘라주었다. 제법 옥상 화단이 옹기 단지들과 조화를 이루어 멋있게 연출되었다. 모처럼 옥상이 환해져 생기가 돌았다.

다시 아래층으로 내려와 꽃삽과 원예도구들을 정돈한 후 화분을 재배치하였다. 누렇게 변한 떡잎도 떼어주고 꽃이 피었다 진 가지들을 통풍이 될 수 있게 조금씩 잘라 주었다. 눈앞을 가리던 머리를 자른 듯 산뜻했다. 사람 손이 가니 정말 새 기분이 들도록 달라졌다.

그동안 내 몸이 여기저기가 아파서 눈에 거슬리는 것을 제대로 정리하지 못해 자신도 모르게 스트레스를 받았던 것 같다.

그렇게 정리하다 보니 점심때가 되고 다시 일을 시작했다. 점심을 먹을 때 연신 나던 재채기와 콧물, 그리고 흐르던 눈물이 뚝 멈춘 것이다. 이럴 수가 없었다. 남편도 신기했는지 이상하다고 했다. 나는 정확히는 모르지만 원예치료가 된 것이라고 생각했다. 내가 좋아하는 것을 하니 몸과 마음이 정상으로 회복된 것 같았다.

아주 기분이 좋아졌다. 상쾌했다. 몇 달 만에 느끼는 그런 감정이었다. 내가 식물을 좋아해서인지 늘 그들과 함께 상호작용하면 마음이 편안하다. 그러니 아픈 것도 사라지고 몸도 가벼워졌다. 그렇게 휴일을 온전히 식물과 함께 지냈다. 화분을 모두 정리하고 나니 느슨해진 삶에 생기가 도는 것 같았다.

사람들은 내가 있는 곳엔 늘 꽃이 함께 있다는 말을 한다. 때를 따라 곱게 피는 꽃들로 보는 사람의 마음을 즐겁게 해준다. 남에게 기쁨을 줄 수 있는 것은 보이지 않는 사람의 수고가 따르게 마련이다.

자식을 키우는 정성으로 식물을 돌보지 않으면 금세 눈에 보이게 식물이 달라진다. 마지못해 물을 주면 식물의 뿌리가 때로는 썩거나 말라 죽고 만다. 식물도 어린 아기처럼 사랑과 정성을 먹고 살기 때문이다.



요즈음 환자들에게 적용하고 있는 원예치료는 사람들의 몸과 마음, 그리고 영적인 상태의 향상을 위해 식물과 정원 가꾸기 활동을 사용하는 일련의 과정이라고 한다. 그리고 다른 치료와 구별되는 것은 생명체인 식물과 올바른 관계 맺는 것을 배우기 때문에 값으로 계산할 수 없을 만큼 큰 보람을 느낀다고 한다.

식물을 돌보며 책임감과 희망, 양육의 과정을 경험하고 마음의 평안을 얻는다. 구체적인 원예치료는 잘 모르지만 내 마음에 남은 찌꺼기들이 꽃을 돌보며 살아가는 내게 맑게 흐르는 시냇물처럼 희망을 속삭이는 것 같다. 늘 건강하라고.

## 단풍잎 책갈피



현관 입구에 산단풍이 곱게 물들었다. 지난해와는 달리 그 빛깔이 비단처럼 고와 현관을 오갈 때마다 눈길이 머문다. 처연한 마음으로 단풍잎새를 따며 떠나가는 길이 아름다운 그 삶을 생각해 본다. 사람의 마지막 가는 겉모습과는 달리 무척 화려하다. 며칠 후면 낙엽으로 지겠지. 안타깝다.

소녀시절이 기억난다. 고향의 양짓말 건너 한학자 할아버지가 사는 집 옆에 작은 야산이 있었다. 그곳에는 큰 산소를 중심으로 소나무와 밤나무 숲이 조화를 이루며 우리들이 놀기 좋은 잔디밭도 함께 있었다. 그 서쪽엔 내 키보다 조금 더 큰 아기 손바닥

같은 단풍나무가 있었다. 가을이 깊어져 그곳에 가서 놀 때면 단풍잎이 고와 그때도 몇 개를 따서 책갈피에 끼워 말리곤 했다. 그리고 그것을 겨울 방학 때 친구들에게 편지할 때 한 장씩 끼워 보냈다.

지난해 수필집 한 권을 내며 지인들에게 말려서 코팅해 두었던 단풍잎 책갈피를 책과 함께 보내게 되었는데 작은 것에 감동하는 사람도 있었다. 사람 감정은 남녀노소 모두 같다는 마음이 든다. 지금 나이가 육십이 넘었는데 어린아이들처럼 아직도 그런 일을 한다고 비웃지 않을까 생각도 하지만 외면하지 못하는 것이 나 자신이다. 마음이 그렇게 쏠리는데 별 도리가 없다.

내가 조금 노력해서 다른 사람에게 정을 주고 싶기 때문이다. 요즈음 나눔의 문화가 퍼져가는 때에 아주 작은 것으로 나눈다는 생각을 해본다.

단풍잎은 멀리서 볼 땐 모두 한 가지 같은데 자세히 살펴보면 단풍의 손바닥이 모두 다르다. 다섯 장, 일곱 장, 우리 집 뜰 앞에 있는 산 단풍은 아홉 장이다. 사람의 얼굴모양이 다르듯이 단풍잎의 모양도 제각기 다르다. 내가 제일 좋아하는 아기단풍은 다섯 손가락 단풍이다.

아침 산책길에 가을을 마무리해 가는 단풍 곁으로 다가갔다. 곱게 물든 잎새를 따서 모으며 겨울을 그려본다. 생각하니 마음이 설렌다. 단풍잎 책갈피를 곱게 만들어 편지 속에 넣어 보내야 겠다. 책갈피가 되기까지는 단풍이 있는 곳을 찾아야 하고, 그 잎을 채집하고, 책 속에 끼워 잘 말린 다음 코팅을 해서 오리기까지 대여섯 번의 손길이 간다.

그 아기단풍의 예쁜 잎에 서린 정은 생각할수록 따뜻해진다. 봄에 피는 아지랑이를 선한 눈으로 바라보듯이……. 추억이 묻어나고 그 사람을 생각하며 보내기까지의 사랑이 고스란히 작은 단풍잎책갈피 속에 묻어 있는 것이다. 작은 정이 담긴 책갈피는 받는 사람의 마음을 잠시라도 행복에 젖게 해 주리라 믿는다.

머지않아 해 저무는 12월이 다가온다. 고왔던 단풍은 낙엽으로 지고 빈가지에 겨울바람만 매섭게 불어 올 것이다. 차가운 밤하늘을 기러기들은 날고 앙상한 가지에 흰 눈이 소리 없이 내리는 날 회갑이 넘은 그리운 친구들에게 편지를 쓰고 싶다.

고왔던 가을을 마음속으로 그려보며 준비해둔 단풍잎 책갈피를 편지 속에 함께 넣어 우체통으로 발길을 옮기고 싶다.

# 군밤



화려했던 나뭇잎은 모두 지고 앙상한 가지만 겨울의 찬바람에 쓸쓸하다. 초겨울이 가을을 밀어내고 내 곁으로 다가올 때면 어린 시절에 있었던 따뜻한 기억이 되살아난다. 얼굴모습도 생각나지 않는 분인데 나이가 육십이 넘어도 잊히질 않는다. 군밤 아저씨다.

육십 년대는 가을걷이가 끝나면 시골학교에서는 수학여행을 많이 갔다. 지금은 사계절에 따라 학교 실정에 맞게 가지만 그때는 추수를 해야 시골에 돈이 돌기 때문에 그렇게 했던 것 같다. 초등학교를 마무리하는 육학년 졸업여행이기에 우리 반도 예외는 아니어서 수학여행 갈 수 있는 아이들을 담임선생님께서 파악하던 중이었다. 수학여행을 거의 가고 반에서 몇몇 아이들만 갈 수 없다고 하였다. 그중에 나도 포함됐다.

우리 집은 추수를 하여도 가정형편이 넉넉하지 않아 여행비를 내지 못했다. 집에 돌아와 시무룩하게 있을 때 담임선생님이 가정방문을 하셨다. 쌀 한 말만 팔면 보낼 수 있는 것을 왜 보내지 않느냐며 선생님은 부모님을 설득하셨다. 어머니는 이튿날 검은 콩을 한 말 시장에 내다 팔아 수학 여행비를 마련해 주셨다. 선생님의 권유로 친구들과 수학여행을 함께 갈 수 있어 어린 나는 뛸 듯이 기뻤다.

청주역인지 조치원역인지 모르겠으나 우린 서울 가는 기차를 탔다. 기차 안에는 군밤, 삶은 계란, 구운 오징어, 캐러멜, 김밥을 가득 담은 밀차를 끌고 다니는 사람이 있었다. 모처럼 기차를 탄 시골 소녀는 물건을 싣고 밀고 가는 사람을 물끄러미 바라보았다. 그는 "김밥 있어요. 김밥, 군밤 있어요."라고 말하며 손님이 있는 가운데로 지나갔다.

그때 옆에 앉았던 어떤 분이 말을 걸어 서울 수학여행 간다고 말씀을 드렸더니 종이 봉지에 든 따끈따끈한 군밤을 사서 내 손에 들려주셨다. 그 밤봉지를 받아 든 손은 차츰 따듯해졌다. 마치 할머니가 찬 손을 녹여주시는 것처럼. 수줍어서 감사하다는 인사도 제대로 못하고 말없이 웃으며 고마움을 전했다.

종이 봉지 안에 있는 군밤은 고소한 냄새와 노릇노릇하게 잘 구워져 입안에 군침이 돌았다. 그분은 군밤을 하나 꺼내어 얼른 껍질을 벗겨 내게 주었다. 따끈하고 고소한 맛이 일품이었다. 다음 역에서 기차가 설 때 '구경 잘 하고 오너라.'는 말을 남기고 기차에서 내려 총총 걸어가셨다.



아직도 그 얼굴은 생각이 나지 않으나 따뜻했던 군밤의 온기가 손으로 전해지던 기억만은 잊히질 않는다. 잎이 지고 나무가 앙상해지니 정이 담겼던 군밤의 기억이 더 선명해진다. 지금 생각하니 내 또래의 딸 생각이 나서 사주셨던 것은 아니었을까! 자식을 키워보니 그분의 마음이 더 간절하게 생각난다.

살아가며 마음을 잔잔하게 감동시키는 것은 아주 작은 정이 담긴 배려다. 스산해지는 초겨울의 문턱에 수학여행 길에 만났던 그분의 정이 듬뿍 담겼던 군밤을 그리며 외로운 사람들이 더 춥지 않도록 작은 불씨를 피워보자.

# 봄비

메말랐던 땅에 봄비가 촉촉이 내린다.

며칠 전 바람에 먼지가 뽀얗게 일더니 어제 저녁부터 생명의 단비가 새싹들에게 기쁜 소식을 전한다.

보랏빛 깽깽이풀, 노란 수선화, 분홍빛 히아신스, 하얀 진달래꽃, 빨간 매화가 봄비를 머금어 싱싱하다. 구절초 꽃모종을 옮겨 심고 기다리던 비라 더 사랑스럽다. 우리들의 삶에 활력을 주는 봄비. 참 감사하다.

아침 산책길에 우산을 들고 나갔다. 밤새 내린 비로 산책길은 촉촉하다. 흥덕사지 가는 길의 산언덕은 비에 젖어 샛노랗다.

노란 폭포수 같은 개나리의 꽃물결도 봄비에 젖어 길게 늘어진 그 모습이 더 곱다. 막 움이 트기 시작하는 병아리꽃나무와 단풍나무가 지난해의 모습을 떠올리게 한다. 고왔던 늦가을의 정취 속에 거닐던 산책길, 유난히 곱게 물들었던 단풍잎, 초여름 초록빛잎새 사이에서 하얀 꽃을 피웠던 병아리꽃나무, 모두 나의 벗들이다.

봄비가 내리는 아침이라 그런지 걷는 이가 아무도 없다. 새순이 트는 나무와 가끔 들리는 산새소리, 그리고 방부목화분에서 긴 겨울을 이기고 돋아나는 야생초의 어린 싹들, 걷는 이가 없어도 적적하지 않다. 그들 모두가 살아있으니 나와 함께 숨을 쉬고 있음이 아닌가.



자연은 봄비를 맞으며 온통 축제의 도가니다. 마른 잔디를 비집고 나오는 잡초들, 소나무 아래 곱게 핀 진달래, 어디서 홀씨가 날아와 자리를 잡았는지 민들레까지 함께한다. 비가 내리는 날은 이유 없이 마음에 희열 같은 것이 인다. 그냥 넉넉해지고 무엇인가 막 솟아나는 샘물처럼 셀레임으로 가득하다.

비와 함께 광풍이 분다고 어제 저녁 텔레비전의 자막과 뉴스를 통해 여러 번 보도되었다. 아직 보도된 것과는 달리 순하게 봄비도 내리고 바람도 잔잔해 안심은 된다.

봄비는 생명이 있는 사물들을 모두 깨워 일으킨다. 땅속에 있던 씨앗들도 봄비를 맞으며 움이 트고, 바람에 흔들리던 느티나무에도 새순이 돋는다.

봄비는 소리 없이 속삭이며 산천초목을 흡족하게 적셔준다. 사람마다 살아가는 모습이 다르듯, 산과 들에 있는 초목들도 무두 다르다. 편협한 사람들과는 달리 봄비는 산과 들, 그리고 사람이 사는 도시까지 공평하게 적셔준다. 뜰의 꽃나무들도 봄비를 맞고 더욱 더 싱그럽다. 가물어 쌓였던 먼지도 모두 봄비에 씻겨 산뜻하다.

집으로 돌아오니 현관 입구에 겨우내 말려있던 큰 비단일엽의 입사귀가 봄비를 맞고 긴 잎을 펼쳤다. 봄비를 머금고 새로운 삶을 다시 준비하고 있는 것이다. 이렇듯 모든 사물이 봄비를 맞고 깨어나듯이 우리의 삶도 변화를 기대해 본다.

이 봄비가 그치면 우리에게도 밝은 햇살과 봄볕처럼 따뜻한 사랑이 가득하였으면 좋겠다. 실 같은 작은 희망을 가져본다. 사람들의 삶이 봄비를 맞고 자라나는 새싹처럼 나아진다면 얼마나 기쁠까.

# 5000원의 행복



지난주 흥덕사지 둘레길 산책 후 옆에 있는 공예관에 들렀다. 전시된 공예품을 감상하는데 도자기로 만든 꽃병에 눈길이 멎었다. 수작업으로 만든 꽃병에 꽃을 꽂고 싶은 마음이 간절하여 한 점을 구입했다. 외모는 볼품없었지만, 주둥이가 작은 것이 뒤뚱거리는 오리 같다.

퇴근길에 꽃집에서 프리지어 한 단을 샀다. 강추위로 꽃값이 많이 올라 아주 작은 단 하나가 육천 원이다. 주인은 단골이라 천 원을 빼주어 오천 원에 샀다. 식탁 꽃병에 꽂아 놓으니 생기가 돈다. 겨울이지만 봄을 느낄 수 있었다.

꽃에서 사람에게 전해지는 정서는 꼬집어 표현하는 것이 쉽지 않다. 작은 풀꽃이 아름다운 향기로 사람을 부른다. 코에 가까이 대고 냄새를 맡으니 꽃 내음이 은은하다. 야단스럽지 않고 오월에 핀 싱그러운 아까시 향기 같다.

꽃을 좋아한 것은 어린 시절부터였다. 겨울에도 얼음장 밑으로 흐르는 물소리가 들리는 개울가로 갔다. 그곳에 가면 움이 트지 않은 버들가지를 꺾을 수 있었다. 버들가지는 황토산 개울 주변에 많이 있었다. 흰 눈 속에서도 진한 갈색의 나무줄기가 뻗어있다. 그 가지엔 통통한 꽃눈이 봄을 기다리고 있다. 시린 손으로 가지를 꺾어 유리병에 꽂아 키우던 일이 아련하게 피어오른다. 그런 모습을 상상하면 아직도 마음이 설렌다. 누가 시키지 않았지만 어릴 때부터 관심이 많았다. 원예를 전공했으면 지금쯤 어떤 모습으로 내 삶이 가꾸어졌을까 하는 상상도 해본다.

가끔 꽃을 사 들고 오는 나를 보고 남편은 여유가 있어서 좋다고 한다. 그 말이 때로는 비정하게 들릴 때도 있다. 그러나 개의치 않는다. 다른 것에는 별 욕심이 없기 때문이다. 여인들은 화장품이나 옷 같은 데 관심이 많다고 하지만 어찌된 영문인지 나는 꽃을 보면 그런 생각이 나기 때문이다.

결혼 초 작은 사글셋방에 살 때다. 퇴근길에 핑크색 카네이션이 너무 예뻐 이천 원을 주고 사왔다. 남편이 '돼지고기 한 근을 사오지, 그럼 찌개를 끓여 먹을 수 있을 텐데.' 하던 그 말이 아직도 난 잊히질 않는다. 신혼살림을 막 시작할 때라 꽃을 사들고 들어오는 아내가 참 한심하다고 생각했을지 모른다.

식탁에 있는 하얀 프리지어는 오므린 봉오리를 열어 고운 향기를 전한다. 눈처럼 하얀 꽃송이의 속을 들여다보니 노란빛이다. 그곳에서 풍기는 은은한 향기는 겨울 추위를 녹이고 내 마음을 봄날 어느 들판으로 인도한다. 아지랑이가 아른거리고 보랏빛 제비꽃에 노랑나비가 너울거리는 초원으로.



삭막하던 집안 분위기가 흰 프리지어로 살아나며 가라앉은 내 마음도 가벼워진다. 집안일을 하다 식탁에 와서 얼굴 한 번 프리지어에 대보고 꽃과 눈 맞춤도 하니 지루하지 않다. 겨울에 고운 꽃을 볼 수 있는 것이 얼마나 다행인가.

삶은 마음 갖기에 따라 달라지기 때문에 즐거움과 서글픔이 공존한다. 마음에서 욕심을 빼면 즐겁게 살아갈 수 있다. 오천 원의 프리지어 한 단은 덤덤했던 일상에 신선한 기쁨을 주고 입가에 미소를 머금게 했다.

## 선물



출근하여 사무실 문을 여니 하얀 종이가방이 책상 옆에 있었다. 살펴보니 십자수를 놓은 네모난 화장지 케이스였다. 연보랏빛 봄을 머금은 빛깔의 십자수로 장식된 것이었다. 종이가방에 쓰인 이름은 이슬 반에 재원 중인 재민이었다. 나를 따라 들어온 재민이는 종이 가방을 가리키며 수줍은 얼굴로 얼른 나가려 했다.

"재민아, 이것 왜 담임선생님 드리지 않고 나에게 가져온 거야?"

"원장선생님이 아침마다 저를 데리고 유치원에 함께 오셔서 고마워 드리는 선물이에요."

출근시간에 버스에서 내리면 늘 그 시간에 아파트 앞에서 만나

손자처럼 손을 잡고 다녔다. 부모님이 일찍 출근하기 때문에 재민이는 혼자 유치원을 다니고 있었다.

재민이는 다른 아이들이 일어나지 않는 이른 시간에 벌써 아침을 먹고 유치원을 오는 것이었다. 나도 청주에서 과학단지까지 버스통근을 하던 때였다. 재민이가 아파트 단지에서 신호등을 건너오는 시간과 내가 시내버스에서 내리는 시간이 거의 같았다. 아침 일곱 시 반이면 그 또래 어린 아이들은 잠에서 깰 시간인데도 재민이는 아침을 먹고 등원을 하는 것이었다. 손을 잡고 걸어오면서 이것저것 물어보니 엄마가 밥 해 놓고 가시면 아빠가 상을 차려 주신다고 했다. 형과 셋이 아침밥을 먹고 집을 나서는 것이다. 어리지만 자기들 때문에 엄마가 돈 벌어 학원과 유치원을 보내 주는 것을 다 알고 있었다. 이런저런 이야기를 하다 보면 어느덧 유치원에 도착하여 재민이는 가장 먼저 등원하여 교실로 들어가고, 나는 내 사무실로 가는 일들이 반복되었다.

종이가방 안에 든 케이스는 십자수를 놓은 것이었다. 선물로 화장지 케이스를 구입하셨을 것은 아닐 테고 재민이 어머니가 손수 만드신 것은 아닐까 하는 생각이 들었다.

그날 졸업식이 끝난 후 재민이는 어머니 손을 잡고 나에게 다가

왔다. 어머니에게 감사하다는 인사를 드렸더니 어머니의 눈가에 이슬이 맺혔다, 어머니는 눈물을 닦으시며 연신 고맙다는 말씀만 하셨다. 그러면서 내게 주려고 퇴근 후 한땀 한땀 십자수를 놓았다고 하셨다.

"I Love You"라고 붉은 장미 바탕에 파란 글씨로 십자수를 놓았다. 그 케이스 속엔 곽으로된 화장지 한 통이 들어 있었다. 보는 순간 눈물이 핑 돌았다. 나도 처녀시절에 십자수를 놓아보았기에 안다. 얼마나 고된 일인지……. 그 마음이 더 애틋했다.

그 선물을 마련하기 위해 퇴근 후 며칠 밤을 보내셨을까? 돈 주고 사는 것은 쉽지만 정성이 담긴 그것은 가치로 따질 수 없는 최고의 선물이었다. 가끔 교단에서 생활하며 보람을 느낄 때는 상대방이 생각해주는 작은 배려다. 사랑이 깃든 마음 하나가 내 마음을 감동케 한다. 케이스 안에 든 보드라운 화장지의 따스함이 내 마음을 촉촉이 적셔준다. 재민이와 나는 짧았지만 작은 손에서 전해졌던 따스했던 정을 오랫동안 잊지 못할 것이다.

# 원흥이방죽에서



지난 주말 시간을 내어 산남동에 있는 원흥이방죽에 가 보았다. 느티나무가 서 있는 옛 방죽은 청주법원의 현대식 건물에 둘러싸여 있었다. 시간을 따로 내어 찾지 않으면 발길이 잘 닿지 않았다. 때문에 한 번 가보고 싶었지만 그저 스쳐 지나가기 일쑤였다. 그곳은 내 어린 시절 아련한 추억이 서린 정겨운 방죽이었다.

내 고향은 오래전 청주의 오지였던 산남동이다. 30여 가구가 옹기종기 모여 사는 농촌마을이었다. 몇 개의 자연부락과 '탑골'과 '원흥이'로 나뉘어 있었다. 그리고 방죽 옆 느티나무가 있는 '죽말'이라고 부르는 작은 마을에 김 씨와 오 씨네 몇 가구가 살고 있었다.

느티나무를 보니 그때 근처 나무대문집에 살던 분이 생각난다. 성탄절 전날 밤 교회에서 새벽송을 부르며 이곳까지 걸어왔을때 집주인은 대문에 등불을 밝혀 놓고 어린 성가대를 기다리고 있었다. 그분은 우리들에게 김이 모락모락 나는 감주를 검은 가마솥에서 떠 주셨다. 그리고 몸 좀 녹이고 가라고 한 고마운 분이었다. 우리들은 따끈한 감주를 마신 후 힘을 얻어 추위도 모르고 즐겁게 새벽송을 돌 수 있었다. 그때의 따뜻한 정은 반세기가 지났어도 아직도 내 마음에 남아있다.

어릴 때의 방죽은 무척 크게 생각되었다. 바다가 없는 충청도에 사는 나에겐 그곳이 바다처럼 넓게 보였다. 봄이 되면 방죽 근처에 나물 캐러 자주 갔다. 그때에는 방죽물이 이미 봄기운에 녹아 봄하늘이 담긴 잔잔한 호수처럼 구룡산의 모습을 담곤 했다. 방죽 양지쪽에서 나물을 캐다 언덕에 오르면 넓은 방죽물이 보였다. 얼음이 녹은 방죽 물을 바라보면 정말 기분이 좋아졌다. 출렁거리는 방죽 물을 바라보며 나의 어린 꿈을 키웠다.

결혼해 어린아이 셋을 데리고 친정에 갔을 때, 아버지가 손자들에게 두꺼비를 보여주기 위해 그곳에 데리고 갔다는 것을 성장한 막내아들을 통해 들을 수 있었다.

고향은 도시화로 옛 모습은 자취도 없이 사라져 높은 빌딩 숲으로 변했다. 그러나 산남동은 두꺼비를 보호하자는 관심 많은 사람들의 끈질긴 노력으로 원흥이방죽은 잘 보존되어 나의 어린 시절을 생각나게 한다.

원흥이방죽 근처에 살던 마을사람들은 모두 떠나갔다. 그러나 방죽은 느티나무와 함께 도심지의 한 곳에 자리 잡아 자연과 호흡하는 생태공원으로 거듭났다. 어린이들의 생태교육장과 더불어 시민들의 산책로와 휴식공간으로 조성되었다.



내가 찾은 작은 원흥이방죽은 산란을 위해 찾아 올 두꺼비들을 기다리는듯했다. 삭막한 도시화로 자연이 점차 잠식되고 있지만 그나마 방죽이 보존되어 얼마나 다행인가. 도심 속에도 자연과 더불어 생활할 수 있는 공간이 좀 더 많아졌으면 하는 바람을 가져본다.

느티나무에 기대어 눈을 감아 본다. 옛 기억이 새롭다. 어릴 때 함께 지내던 정남이도 이곳에 살았는데 지금은 어디에 살고 있을까. 그때의 친구들이 보고 싶다. 두꺼비 생태공원의 산책길에 봄비가 내리면 파란 잔디가 돋아나겠지.

# 청국장



"형님, 청국장 조금 가져가세요."

거실에서 일어서는 나를 보며 올케가 식탁에서 플라스틱 통 뚜껑을 열고 있다. 그곳에서 풍기는 청국장의 코린 냄새는 생전의 어머니를 생각나게 했다. 비닐봉지에 덜어준 것을 집으로 가져와 저녁때 찌개로 끓였다.

청국장은 영양소와 섬유질이 많은 먹거리로 알려지면서 많은 사람들의 사랑을 받고 있다. 그러나 그 냄새를 싫어하는 사람들은 아예 집안에 들이지 못하게 한다. 다행히 우리 가족들은 좋아하여 가끔 끓여먹고 있다.

이렇게 추운 겨울이 오면 어머니는 청국장을 만들어 끼니때 자주 찌개로 끓여 드셨다. 장작을 땐 불을 모아놓고 그 위에 뚝배기에 장을 보글보글 끓이면 구수한 냄새가 집마당까지 난다. 산골 저녁나절 풍기는 청국장 냄새는 입맛을 돋우었다.

가을 콩수확이 끝나면 추수가 거의 마무리된다. 어머니는 흰 콩을 깨끗이 씻어 검은 가마솥에 넣고 푹 삶았다. 그리고 헌 소쿠리에 헝겊을 깔고 삶은 콩을 넣어 흘리지 않게 마무리하여 가장 따뜻한 방 아랫목에 앉히고 헌 담요로 덮었다. 시골에서 아랫목은 난로나 마찬가지인데 이때는 청국장이 집안의 어른이 된다. 추운 겨울, 밖에 나갔다 들어오면 시린 손을 청국장을 덮어 놓은 담요속의 가장자리에 넣어 녹였고, 발도 그 담요 주변에 넣기도 했다. 그럴 때마다 어머니는 열이 식으면 장이 잘 뜨지 않는다고 성화였다.

며칠이 지나 콩을 숟갈로 떠보면 진득진득한 진이 고무줄처럼 늘어난다. 이것을 돌로된 절구에 옮기어 소금과 고춧가루를 조금 넣고 빻아 청국장을 만드셨다. 그리고 산마을 학교에 근무하는 딸이 고향에 갈 때면 싸 주었다.

그때는 냄새도 이상하여 저런 것을 해먹나 생각하였다. 안 가져가려고 하다가 자취방에 가져와 김치와 두부를 넣고 끓이니 생각보다 맛이 좋았다. 그러나 고민이 생긴 것이다. 겨울철에 추워서 방문을 열 수 없으니 온통 방안이 청국장 냄새로 가득했다. 어느 땐 외투에도 청국장 냄새가 배어 사무실 동료들의 눈살을 찌푸리게 한 적도 있었다. 그래도 그 맛에 길들여져 반찬이 없이 살았던 그때는 겨울이면 자주 밥상에 오르기도 했다.

요즈음은 청국장이 웰빙 식품으로 대접 받아 여러 곳에서 만들어 팔고 있다. 다이어트, 변비에 그리고 여러 가지 영양이 골고루 담겨서 사람들의 호응을 받고 있다. 청국장의 종류도 다양해져 소비자들이 사용하기 쉽도록 환이나 분말로 만든 것, 전혀 냄새가 나지 않도록 처리한 것, 기호에 따라 선택해서 먹을 수 있게 개발되고 있다. 그때가 그리워 구입해 끓여보지만 어머니의 맛은 찾을 수가 없다.

청국장에 서린 어머니의 정은 청국장의 냄새 속에 녹아 있어 오랜 시간이 지나도 가시지 않는다. 자취방에 청국장 냄새가 배는 것을 별 것 아니라 생각하며 맛있게 먹었던 처녀시절, 겨울이 되니 더욱 간절하다. 내일 아침에는 가을에 담근 김치와 두부를 넣고 청국장을 끓여야겠다.

2부

# 조팝꽃 피는 언덕

# 4월의 교정



유치원 울타리에 노란 개나리가 봄비를 맞고 피기 시작한다. 교정은 아이들의 밝은 웃음과 또랑또랑한 눈망울로 가득하다. 땅속에서 돋아나는 작은 새싹들, 따스한 바람으로 상큼한 봄기운 감돈다.

지난 3월 한 달은 아이들이 유치원에 처음 입학해 적응하느라 참으로 분주했다. 그러나 유치원은 아이들의 재잘거림으로 활기가 넘친다. 안쓰러운 것은 처음으로 부모와 떨어져 오는 아이들이다. 원에서 엄마와 떨어지지 않으려 눈물로 애원한다. 현관문을 들어올 때부터 울기 시작하면 몇 시간씩 우는 아이들도 있다. 신기한 것은 울면서 식사도 하고 친구들과 놀기도 한다. 잠시 틈이 생길 때 또 다시 운다.

울면서 하는 말이 "엄마 보고 싶어." "엄마 보고 싶어." 계속 엄마를 찾으며 운다. 그때 아기들의 눈을 보면 애절한 눈빛으로 가득하다.

그들을 부모로부터 떼어 내 품에 끌어안고 "연주야, 엄마 보고 싶지? 연주가 친구들하고 잘 놀고 간식 먹고 나면 엄마가 연주 데리러 오실거야. 기다릴 수 있지?"라고 달래면 "응." 하며 고개를 끄덕인다. 그럴 때 맑은 눈물은 아기의 볼에서 안고 있는 내 팔 위로 떨어진다. 3월의 이런 모습도 한 달이 되면 거의 사라져 안정된 원생활을 한다.



이젠 급식소에서 서툴지만 식판을 받아 식탁에 앉아 식사도 잘 하고 부족한 음식은 더 받아다 먹기도 한다. 밥만 먹는 아이, 고기만 먹는 아이 등, 편식도 하지만 단체생활에 적응하며 1년이 지나면 어느새 많은 부분이 달라진다.

자기 이름이 있는 곳에 신발도 정리할 줄 알고 선생님을 보면 인사도 할 줄 안다. 지난해 울던 아이들도 제법 원생활에 익숙해져 자기 집처럼 자연스럽게 지낸다.

이런 천진스러운 아이들에게 기본생활습관이 몸에 익숙해지기도 전에 조급한 어머니는 글씨와 수에 대한 학습을 요구한다. 그 아이들은 앞으로 많은 시간의 학습량이 필요한데 참 안타까운 생각이 든다. 우선 건강하게 자라야 공부와 원하는 것을 할 수 있다. 그러나 남보다 앞서가야 한다는 마음으로 가득 채워진 부모들은 자녀의 상황은 아랑곳없이 자신들의 요구를 먼저 채워간다.

조용히 참고 기다리며 아기들의 변하는 모습을 관찰하면 발달순서에 따라 그 시기에 적합한 과업을 해나갈 텐데. 현대인들은 기다림에 익숙하지 않아 조급함에 자신 스스로 얽매여 피곤하게 살고 있다. 넉넉한 마음으로 기다리며 살 수는 없을까?

지금 생각하면 미련해 보이고 어리숙했던 지난 시절에 아는 것은 별로 없었지만 몸과 마음이 건강했고 아이답게 살았던 것 같다. 그 때 어른들은 "때가 되면 다 할 수 있다."라고 걱정하지 말라는 말을 자주 하곤 했다. 지금과 비교하면 시대가 많이 변하였다. 사람이 제때에 체득하고 배워야 하는 것은 개인에 따라 다르기 때문에 기다림은 필요하다고 생각된다.

봄에 피는 새순이 시간이 지나면 그 가지가 단단해지는 것처럼 우리 아기들도 세월이 가면 기다림 속에 알차게 영글어 좋은 결실을 맺으리라.

4월의 교정에서 자란 싹들은 먼 훗날 우리 앞에 큰 나무로 우뚝 서 있을 것이다.

## 율량천을 걸으며



아침햇살이 눈부시다. 어제 내린 봄비로 율량천 가장자리의 들풀은 싱그러움을 더해준다. 이렇게 출근길을 걷는 마음이 오늘처럼 상쾌한 것도 촉촉하게 내린 비타민 같은 봄비의 덕이다.

매일 아침 운천교를 건너 율량천이 무심천과 합류하기 전에 남편의 승용차에서 미리 내린다. 건강을 위해서다. 그곳에서 근무처까지는 빠른 걸음으로 20분이 좀 넘게 걸린다.

승용차에서 내려 방부목 계단을 지나 율량천의 돌다리를 건넌다. 돌다리를 건너며 흐르는 작은 냇물과 주변의 파릇해진 봄의 정경을 본다. 그리운 어린 시절이 흐르는 물에 실려 가는 것 같다.

고향의 도랑물에 종이배를 접어 띄우며 놀던 일, 고무신에 물고기를 잡아 놀던 기억도 빠르게 스쳐간다.

어느새 쑥도 제법 많이 자랐다. 냉이와 꽃다지는 벌써 꽃을 피워 씨방을 만든다. 아침마다 만나는 자연이지만 지루하지 않다. 나날이 변하는 모습이 신기할 뿐이다. 바쁜 중에도 자연과 더불어 지내니 마음의 여유도 생긴다.

몇 년 전만 해도 율량천은 작은 도랑의 오폐수가 흐르던 곳이었다. 시당국의 노력으로 개울을 넓히고 시민들의 산책로를 조성하여 자연을 도시 속으로 불러들인 것이다. 나는 건강을 위해 이곳을 아침마다 즐거운 마음으로 걸어서 출근한다.

율량천은 작은 개울이지만 나름대로 그곳에 사계절이 있다.

겨울에는 청둥오리의 모습을 보며 출근을 하고 돌다리 사이를 흐르는 물소리를 들을 수 있다. 산골 같은 느낌은 들지 않아도 내가 자라던 고향 같은 정겨움이 있다. 철새들이 견딜만하니 찾는 것이 아닌가? 가끔 여름 장마철을 제외하곤 사계절이 오간다.

요즈음은 봄이 무르익어 초록빛으로 가득해 발걸음이 가볍다. 사계절 중에 가장 좋은 계절 같다. 작은 생명들이 약동하기 때문이다. 모래가 쌓인 곳을 흐르는 맑은 시냇물과 보랏빛 제비꽃의 신비스런 모습도 볼 수 있다. 산책로 가장자리 노란 민들레의 속삭임과 초록빛 토끼풀의 어울림이 다정해 보인다.

초록 사이를 걸으며 아침이면 출근하여 작은 천사들과 함께 생활하는 일터가 있음에 감사한다. 초록처럼 싱그럽고 깨끗한 그들을 생각하면 새힘이 솟는다. 아침햇살에 반사되어 은빛으로 반짝이는 작은 물결을 본다. 아침의 짧은 시간에 볼 수 있는 자연의 섭리가 고마울 뿐이다.

율량천의 산책로는 신호등을 기다리지 않아도 된다. 소박한 자연의 모습을 바라보며 계속 걸을 수 있어 시간이 덜 든다. 차 없이도 행복한 출근을 할 수 있는 하루하루가 감사할 뿐이다.

이렇게 정화된 마음으로 작은 천사들을 맞이하고 만나는 사람들에게 기쁨을 나누며 하루를 시작하자. '걸으면 건강하다 걸어서 가자.'

# 5월에 드리는 편지



선생님,

눈길 머무는 곳마다 아까시꽃이 초록 속에 흰 눈처럼 피었습니다. 온 천지가 푸르름으로 가득한 계절에 선생님 평안하신지요? 유난히 기온차가 넘나들어 봄도 제대로 느끼지 못하고 여름을 맞이해 계절이 바뀌어 가고 있음을 실감합니다.

해마다 스승의 날을 맞을 때마다 선생님 생각을 마음으로는 하고 있지만 편지 한 번 제대로 못 드리고 세월을 보냈습니다. 선생님 죄송합니다. 그렇지만 오랫동안 생각나는 분은, 바로 선생님이십니다.

제가 6학년 때였어요. 너무 무섭다고 소문이 난, 미남이신 선생님이 우리 담임선생님이 되셨습니다. 우리 반은 모두 겁이 나서 긴장하고 있었습니다. 아마 지금 생각하면 그때 군에서 제대하신 지 얼마 되지 않으셨던 것 같았어요. 완전 스파르타식으로 저희들을 가르쳐 주셨습니다. 그렇지만 감성이 풍부하셔서 예능과목들을 철저하게 지도해 주셨습니다. 그 은혜로 저는 예술에 대한 관심을 갖게 되었습니다.

선생님, 지난해 친구 전시회에 오셔서 축하말씀을 해 주셨지요. 그때 넘치는 패기는 지난날과 다름이 없었습니다. 힘이 있는 목소리, 꼿꼿한 자세, 머리빛깔만 조금 변하셨지 지난날 6학년 교실로 돌아간 듯했습니다. 저는 친구들과 건강하신 선생님 모습을 보며 매우 기뻤습니다.

세월이 많이 지난 지금도 저는 선생님께서 칭찬해 주셨던 것을 잊을 수 없습니다.

그것은 교실 후면 작품판에 게시되었던 제 작품에 관한 이야기입니다. 미술 시간에 헝겊 조각을 이용한 구성이었는데 쉬는 시간 그 작품 앞에 서실 때마다 칭찬을 해 주셨어요. 한두 번이 아니었습니다. 그럴 때마다 나보다 나이 많은 친구는 저를 따돌리고 놀았습니다. 속상했지만 참았습니다. 선생님의 칭찬으로 저는 미술을 좋아하게 되었고 그 과목을 초등학교 졸업 후에도 열심히 하였습니다. 그리고 제가 자라서 교직에 나갔을 때 미술 · 음악시간은 선생님처럼 한 번도 빠짐없이 하였습니다. 선생님 감사합니다. 50여 년이 지났지만 아직도 그때를 생각하면 기쁘답니다.

선생님,

벌써 저도 내년 8월이면 정년을 하게 됩니다. 제가 교단에서 생활할 때 제일 많이 생각나는 분이 선생님이십니다. 선생님의 열정과 사랑은 어린 제게도 순수하게 자리 잡아 잘하진 못해도 나름대로 소신을 가지고 교단에서 생활할 수 있는 여건을 마련해 주셨습니다. 저희들은 꾸중을 들으면서 바른길로 인도해주시는 선생님을 따랐습니다. 지금의 교육현실과 비교하면 격세지감隔世之感을 느낍니다. 저는 다행히 아기들과 생활하는 것을 감사하게 생각합니다.

선생님,

푸른 오월에 한번 드리는 편지가 선생님 마음을 기쁘게 해드리는 행복한 소식이 되었으면 좋겠습니다. 선생님 늘 건강하시고 행복하세요.

2012년 푸른 오월에 제자 효순 올림

# 연수원에서



분주한 직장의 일상을 떠나 2박3일의 연수에 참여했다. 한 지역에 근무하는 동료들이 함께하는 연수라 마치 여행을 가는 것처럼 마음이 가벼웠다. 서로 살아가는 삶으로 즐겁게 이야기꽃을 피우며 찾아간 곳은 아주 높은 산이 병풍처럼 둘러싸여 있었다.

말없는 숲과 산을 바라보자 마음부터 푸근해졌다. 마음이 설렌다. 그 높은 산 아래 자리 잡은 연수원은 급경사에 가깝게 건물들이 위로 올라가며 강의실, 식당, 숙소가 차례로 자리 잡고 있었다. 마치 겨울 눈 내린 날이면 비닐포대 한 장 깔고 앉아 썰매를 타기 딱 좋게 승용차 길은 비탈진 모습으로 산자락 아래 가깝게 나 있었다. 이름 모를 산새 소리가 숲에서 들리고 가까운 나무꼭대기에서도 청아한 소리로 우리를 반겼다. 망설이던 연수였는데 와서 보니 전경부터 마음에 들었다. 온통 푸른 숲 속에 내가 서 있는 느낌이었다.

시장기가 들 즈음 땀을 식히고 연수원에서 제공한 점심을 맛있게 먹었다. 연수 내용은 모두 현장에 꼭 필요한 것들이어서 집중해 들었다. 강의가 끝날 때마다 힘찬 박수 소리가 그 결과를 알려주었다. 연수생이 거의 오십대 후반을 넘어 피곤했을 텐데 모두 열심이었다.



저녁을 먹고 연수원 산책로에 접어드니 맑은 새소리와 바람소리가 하루의 피로를 풀어준다. 눈 안에 들어오는 갖가지 들풀들. 걸을 때마다 지저귀는 산새소리에 함께한 동료들은 연신 얼굴에 웃음꽃이 가득 피었다. 흐르는 땀에 도시의 고단함이 모두 깨끗이 흘러내리는 듯했다. 여자 연수생들은 식사준비를 하지 않아도 되고 모처럼 호강하는 것 같아 편안했다. 집에 남은 식구들은 주부가 출장 중이니 다소 불편하겠지만. 나뿐만이 아니라 참여한 모든 분들이 같은 마음이었다.

어둠이 내리기 시작하니 낮에 울던 뻐꾸기가 또 울기 시작한다.

그 소리와 함께 들리는 소쩍새의 울음소리에 귀를 기울여 본다. 올해 들어 처음 듣는 소쩍새 소리에 마음이 끌리었다. 그 소리를 들으니 지금은 아파트 속에 모두 사리진 정겨운 고향이 마음에 자리 잡는다. 몇 해 전부터 우리 집 근처 야산에서 울던 소쩍새는 봄이 깊어져도 그 애잔한 소리를 들려주지 않았다. 도시의 공해로 인해 멀리 날아갔는지 아쉬워하던 참이었다. 서글프게 들리지만 봄이면 습관처럼 듣고 싶은 소리였는데 출장 와서 듣게 되니 마음의 갈증이 풀린다.

밤하늘에 떠있는 보름이 막 지난 달을 숙소의 넓은 창에서 바라본다. 나그네가 객지에서 보는 달은 또 느낌이 달랐다. 마음이 차분해지고 잡다한 생각들이 잠자는 호수처럼 잔잔해진다. 달을 바라볼 때마다 그려보는 고향은 늘 변함이 없다. 부모님 모두 떠나시고 일가친척 다 흩어진 고향을 이 산골 연수원에서 생각을 하다니 꿈만 같다. 이제 8월 말이면 마무리하는 교단생활도 그려본다. 생각하면 감사한 것뿐이다. 어디선지 흐르는 물소리가 보이지 않지만 깊어지는 산골의 여름밤에 시원함을 더해준다. 빗소리처럼 들린다.

업무를 뒤로하고 멀리 떠나 자연 속에서 길지 않은 시간을 보내며 지친 마음을 충전하는 것도 직장인들에겐 가끔씩 필요한 것 같다. 다른 사람들과 만나 서로 소통하며 정보도 교환하고 그들의 삶을 보며 나의 생활도 반성해보는 좋은 기회가 되었다. 일터나 가정에서 소통과 배려, 섬김의 삶으로 생활할 때 갈등은 사라지고 오고 싶은 직장, 따스한 가정이 되리라 믿는다.

이번 연수를 위해 청에서 격려차 오신 배려도 무언의 메시지를 전하는 것 같았다. 2박3일의 짧은 연수에 아쉬움이 많지만 유익한 시간이었기에 오래도록 남을 것 같다.

## 졸업

"따뜻한 봄날에 뛰어놀던 유치원
떠나가게 되었네 사랑하는 유치원"

작은 천사들의 맑은 목소리에 목이 멘다. 졸업하는 것은 유아들인데 왜 눈물이 흐를까. 이순을 넘긴 사람이 그런 감정 하나 추스르지 못하는 것이 부끄럽다. 유아들이지만 졸업의 느낌은 다른 학생들과 별 차이가 없다. 한복으로 곱게 차려입은 유아들의 모습이 대견스러울 뿐이다.

며칠 전 우리 유치원 졸업식이 있었다.

3년 전 유치원에 입학하여 생활하며 언제 긴 날들이 지나갔는지 어느덧 졸업을 하게 되었다. 입학할 때 처음 부모와 떨어져 서글피 울던 아기도 이제 어엿한 초등학교 예비입학생이 되어 유치원을 떠난다. 또랑또랑한 목소리로 답사를 읽으며 의젓해진 아이들의 모습에 가족들과 교사는 연신 감동이다.

어린 새순이 진하고 야물어졌다. “원장 선생님 보고 싶으면 놀러 올게요.” 내게 안기는 따뜻한 모습이 마음을 아리게 한다.

내가 졸업을 여러 번 했지만 가장 기억에 오래도록 남는 것은 초등학교 졸업식이다. 초등학교 졸업하던 날은 전날 밤 내린 많은 눈으로 큰 운동장이 온통 하얀 들 같았다. 흙이 하나도 보이지 않았고 신발이 덮일 정도로 눈이 내렸다. 졸업식이 끝나자 하얀 운동장에 선생님과 5학년 동생들이 식장 앞부터 양쪽으로 길게 교문앞까지 서서 박수를 쳐 주었다. 그 사이를 졸업장을 들고 축하를 받으며 지나간 것이 엊그제 같다. 그때는 눈물도 흘리지 않고 좀 쑥스러운 마음만 들었다. 담임선생님만 눈자위가 벌겋게 되었다. 선생님은 왜 우셨는지 이해가 되지 않았다. 그런데 그날은 내가 그 당시의 선생님과 똑같은 모습이 되었다.

오래전 아기들에게 졸업 노래를 가르칠 때이다. 노랫말을 먼저 하다 내 감정에 빠져 눈물을 보이고 말았다. 아기들은 금세 선생님 왜 우느냐 묻는다. 나는 궁핍한 대답을 했다. 눈에 티가 들어가서라고. 그 생활도 지난날 추억의 한 자락이 되었다.

나도 8월이면 정년이다. 교직의 졸업이다. 사십 년 가까이 아침마다 출근했던 배움터를 떠나게 된다. 그것을 생각하니 천사들의 마지막 졸업식이 더 의미가 깊었다. 생각할수록 아기들과의 지난날들이 봄날의 화사한 영상처럼 정겹게 스쳐간다. 연민의 정이 남아 있음인지, 아니면 졸업식 노랫말에 서글픔이 밀려온 것인지 견디기 힘든 시간이었다. 식이 끝나자마자 사무실로 들어와 손수건을 꺼냈다. 아기천사들과 학부형들의 얼굴엔 웃음꽃이 가득 피었지만 그들과 채 이별의 인사도 없이 감정을 감추지 못하고 말았다.

졸업은 또 하나의 시작이다. 유치원을 아기들이 졸업하고 초등학교에 입학하여 학업을 시작하는 것처럼, 나도 머지않아 인생의 이모작을 시작해야 한다. 유아들은 짜인 교육과정에 따라 생활하지만, 내 삶은 스스로 계획하여 가꾸어 가야 한다. 앞으로의 삶은 어떻게 펼쳐질까. 호기심도 생기고 설렘 가운데 기대도 된다.

3월이 되면 졸업한 유아들의 빈자리에 귀여운 아기천사들이 들어오겠지.

# 겨울나무



맑은 유리창 밖의 겨울나무는 빈 가지만 앙상하다. 가는 나무 꼭대기에 새 한마리가 앉아 지저귄다. 겨울의 찬바람은 알몸을 드러낸 나뭇가지를 마구 흔든다. 겨울나무는 말없이 하늘 아래 버티고 서 있다. 당당하다.

올겨울은 유난히 눈이 많이 내린다. 초겨울부터 시작된 눈은 자주 거리를 덮어 우리 생활을 불편하게 하였다. 남녘 땅끝마을까지 예년에 없이 눈이 내려 엉겁결에 겨울을 맞게 되었다. 곳곳에 눈길에 미끄러지는 차들과 사람들로 정비소와 정형외과는 문전성시를 이룬다. 준비 없이 다가온 눈 소식은 우리에게 어려움을 더

해준다.

며칠 전 새벽기도를 간 남편이 일곱 시가 가까워 오는데 귀가하지 않았다. 바쁘게 아침을 준비하며 여러 가지 생각이 마음을 짓눌렀다. 사고가 난 것은 아닐까? 사고가 났으면 어떻게 수습할까? 주차하던 곳으로 가 보았다. 눈 속에서 꼼짝하지 않는 차를 계속 브레이크만 밟고 있다. 안심이 되었다. 레커차를 부르라고 했다. 남편은 집으로 돌아와 서류를 찾아 연락을 하고 차를 옮겨 놓았다. 그 자리는 자주 그렇게 힘을 들이는 곳인데 눈을 치우지 않아 또 그 고생을 하였다.

해마다 세탁기가 있는 곳은 추워지면 얼어 세탁을 할 수 없게 된다. 올해도 추위가 혹독하여 또 그런 일이 벌어졌다. 물을 끓여 세탁기 호스에 붓고 한참을 기다렸다. 녹은 얼음을 쏟아내고 다 녹였다. 그러나 수도꼭지가 꼼짝을 하지 않는다. 수도관까지 언 것 같았다. 하는 수 없이 열풍기를 찾아 녹이는 수밖에 없다. 열풍기가 어디 있는지 남편은 지하실까지 내려갔으나 찾지 못하였다. 나는 이층 방으로 가보았다. 막내아들 방 한쪽에 눕혀진 열풍기를 찾아 내려왔다. 밤새도록 세탁기 옆에 약하게 돌려놓았더니 새벽에 수도꼭지에서 물이 조금씩 나왔다. 해마다 겪으면서 올해도 준비 없이 지낸 것이 화근이 되었다. 현관 외벽에 스티로폼이라도 덧대었으면 동해를 피할 수 있었는데 생각 없이 시간만 보낸 결과였다.

창밖의 겨울나무를 바라본다. 잎사귀 하나 없이 드러낸 알몸으로 칼바람을 이겨낸다. 화려했던 가을의 기억도 아쉬움 없이 다 비우고 다시 돌아올 봄을 위해 모두 버린 것이다. 자연은 말없이 계절의 순리에 따라 자신을 조절하며 살아간다. 우리 사람들의 삶과 함께 보면 훨씬 앞서 있다.



살아가면서 그렇게 해서는 안 된다는 것을 안다. 그러나 잘못을 고쳐나가지 못하고 눈앞에 닥쳐야 해결하는 습관이 미련하다. 차동차도 눈을 치우고 미리 준비를 했으면 레커차를 부르지 않아도 되었다. 세탁기 역시 해마다 거듭되는 일을 올해도 별 생각 없이 살았기에 많은 시간과 노력을 허비하고 말았다.

새해가 되었다. 마음에 생각한 것은 즉시 작은 것 하나라도 행동으로 옮기는 한해가 되도록 다짐해본다. 겨울나무처럼 미리미리 내일을 준비하여 후회가 없는 삶이 되도록 닮고 싶다. 참고 견디는 것은 외롭고 때로는 서글프고 초라해 보일 때도 있다. 언젠가 '외로움은 정신을 키우는 약'이라 하던 지인의 편지 한 줄이 생각난다.

찬바람을 이겨내며 봄을 기다리는 겨울나무처럼 내게 주어진 길을 걸어가자.

# 조팝꽃 피는 언덕



봄빛으로 가득한 유원장에 살구꽃비가 내린다. 흰 눈처럼 바람에 흩날려 아기들의 작은 어깨와 머리에 내려앉는다. 봄바람에 눈처럼 날리는 연분홍 꽃잎을 잡아 보려 뛰어다니지만 바람은 아기들에게 그조차 내어주지 않는다. 봄에만 볼 수 있는 모습이 마음에 빗물처럼 녹아든다. 어느덧 개나리의 꽃물결이 흐려지고, 사무실 창으로 보이는 언덕에 조팝꽃이 하얗게 피었다.

다섯 번의 봄을 이곳에서 맞으며 그 모습을 바라본다.

진입로 공사로 언덕을 다시 만들며 길 가장자리의 조팝나무를 잘라 비탈진 언덕에 심어두었다. 그리고 지난해 흙미끄럼을 타던 곳에도 몇 포기를 심었다. 이제 막 싹이 나기 시작하는 그곳에 아이들이 가끔 보인다. 방부목 계단이 바로 옆에 있어도 아랑곳 없이 이웃 초등학교 저학년 아이들이 미끄럼을 타려고 언덕을 자주 오르내린다. 사무실에서 바라보니 하얀 꽃 핀 조팝나무 사이 두 곳이 훤하게 보인다.

해마다 이맘때면 아이들이 언덕에서 나무 틈새를 비집고 흙미끄럼을 탄다. 그것도 이른 봄부터 조팝꽃이 한창 필 때이다. 위험하다고 주의를 주어도 막무가내다. 그렇게 재미있는지 책가방을 등에 멘 체 넘어지면서도 계속한다. 포근한 봄햇볕을 온몸에 받으며 땀으로 촉촉하게 머리가 젖는 것도 모른다. 그것을 바라보며 나의 어린 시절로 돌아가 본다.

우리 마을에 안산이 있었다. 동네 옆에 있는 작은 야산이었는데 그곳에서도 이때쯤 흙미끄럼을 탔다. 마을에 놀이터도 없고 학교 끝나면 책가방을 벗어놓고 가는 곳이 바로 황토 흙이 있는 산비탈이다. 옷에 흙이 묻는 것은 뒷전이고 연신 미끄럼을 탔다. 해 질 녘에 겁을 먹고 집에 가면 어머니의 역정에 기가 죽는다. 제일 힘든 사람은 빨래를 해 주시는 어머니다. 지금처럼 세탁기가 있는 것도 아니고 비누칠을 하여 힘껏 방망이로 두드려 빨래하던 때인데 바지 궁둥이에 황토 흙을 잔뜩 묻혀 잘 빨리지도 않게 일거리만 장만해주던 기억이 새롭다.

아이들은 왜 봄이 오면 흙미끄럼을 타는지 잘 모르겠다. 겨우내 추워 움츠렸던 몸을 자연에게 맡겨보고 싶은 마음에서일까? 한창 자라나는 아이들이 에너지를 발산하지 못하던 때가 지나서 그럴 수도 있겠지. 정해진 교실의 공간을 벗어나 다른 사람의 간섭 없이 하고 싶은 대로 하는 것이 얼마나 즐거웠을까? 그것도 작은 모험까지 곁들인 놀이가.



그런 놀이로 자연을 벗 삼아 살던 시절이 어른들에겐 추억으로 남아 있다. 전해준 사람도 없는데 세월을 넘어 옛 모습들이 아직도 남아있음을 본다. 보이지 않게 우리들의 어릴 때 놀이들이 이어지며 삶을 엮어가나 보다.

조팝꽃 피는 언덕에 오르면 시원한 바람과 펼쳐지는 여러 빛깔의 봄을 바라볼 수 있다. 살아가며 가끔은 답답한 마음도 바람결에 날려 보낸다. 신나게 흙미끄럼타던 아이들도 시간이 흐른 후엔 지난날을 곱게 펼쳐 볼 수 있을지.

이런 생각에 잠겨 하얀 조팝꽃 피는 언덕을 바라본다.

# 라일락 향기



눈 안으로 달려드는 곳곳은 초록으로 싱그럽다.

도심지 주변 도로를 따라 가장자리에 줄지어 서 있는 느티나무도 연초록 새잎으로 바뀌었다. 얼마 전까지 빈 가지만 하늘을 향해 뻗어 있더니 잔가지에 새순이 돋았다. 푸른빛으로 오월 하늘을 덮고 시원한 그늘을 만든다. 이 고운 계절이 오면 생각나는 꽃이 하나 있다.

오월 어느 날 중학교 이학년 음악시간이었다. 선생님 피아노 반주에 맞추어 노래를 하고 있을 때 열린 창으로 향긋한 내음이 날아왔다. 창밖을 보니 자잘하게 핀 연보랏빛 꽃이 바람에 하늘거리고 있었다. 무슨 꽃일까. 어떤 꽃이 냄새가 그리 감미로울까. 쉬는 시간에 그 나무 주변에 가 보았다. '라일락'의 이름표가 달려 있었다. 그리고 이름표 아래 칸엔 '젊은 날의 추억'이라는 꽃말이 적혀 있었다. 꽃말을 음미해 보니 참 마음에 들었다. 그때부터 라일락을 아주 좋아하게 되었다.

우리 마을 좀 떨어진 외딴 터에 꽃을 많이 키우는 분이 있었다. 그때도 꽃이 좋아 봄이면 꽃구경을 하러 가곤 했다. 모란꽃, 명자나무, 해당화, 불두화, 그리고 큰 나무 끝에 소복하게 모여핀 냄새 좋은 꽃, 여러 가지였다. 그 냄새 좋았던 꽃이 라일락이었다. 하루는 그 집에 찾아가 옆에 새가지가 올라온 것을 분양받아왔다. 우리 집 뜰에 심고 정성껏 가꾸었다. 해가 지나갈수록 라일락은 모종을 중심으로 잔가지를 쳐서 작은 싹들이 여러 개 올라왔다. 그것을 주변에 두었다가 필요한 사람들에게 나누어 주곤 했다.

한번은 내가 초임지에 근무할 때 산중턱에 사는 장로님 댁에도 나누어 주었다. 청주에서 제천이 먼 거리였지만 동생에게 이야기 했더니 나에게 다녀갈 때 한 뿌리를 캐어 그 댁에 주었다. 그곳에는 내 또래의 딸이 하나 있었는데 친구처럼 지냈기 때문에 주말 집에 가지 않을 때는 그곳에 자주 놀러 갔었다. 내가 4년이 넘게 그곳에서 근무하고 떠나게 되어 인사를 하러 산 중턱으로 갔더니 라일락 나무가 제법 많이 자라있었다. 이월 말이라 잎이 진 라일락은 가지만 앙상하게 남았고 가지 끝에 두터운 꽃눈만 이른 봄의 찬바람을 맞고 있었다. 그 후에도 몇 년 동안은 가끔 라일락 이야기를 하였다.

라일락은 감미로운 향기로 많은 사람의 사랑을 받는다. 꽃모양은 볼품없지만 향기는 연인들의 사랑처럼 달콤하다. 내가 졸업한 중학교 희망원 정원에 있던 보라색 라일락, 5월이면 음악실 열린 창으로 날아오던 내음, 소녀들을 설레게 했다. 예쁜 음악선생님의 피아노 연주와 푸른 정원, 분수대 안에 노니는 잉어들, 그리고 푸르름 속에 이는 바람, 50년 가까이 되었지만 내 마음에 생생하게 남아있다.

이제는 돌아갈 수도 없는 세월에 흔적조차 찾을 수 없으나 이런 추억에 젖을 수 있는 것도 오월이 주는 선물이다.

다시 푸르른 오월 라일락 향기속에 추억이 묻어나는 그 시절로 돌아갈 수는 없을까. 선생님의 피아노 반주에 맞추어 노래하던 그 시절로.

# 노루귀



겨울이 머물다간 담 밑에 분홍색 노루귀가 피었다. 잎도 없이 가냘픈 줄기를 올려 꽃잎을 활짝 펴서 봄을 알린다. 옆에 핀 섬노루귀와 흰색 노루귀도 정답게 봄인사를 한다. 나와 눈 맞춤을 하며 찬 기운이 감도는 작은 뜰에 화사한 봄소식을 전한다. 늦은 가을날 잎이 말라가며 도톰한 꽃봉오리를 만들고 봄을 기다리더니 때를 찾아 세상구경을 살며시 나왔다. 그 연한 모습이 수줍은 봄처녀 같다.

40년 전 새내기 교사 시절 3월 중순쯤이었다. 학교 뒷동산 넘어 옹달샘이 있는 곳으로 봄을 맞으러 갔다. 여름이면 가끔 물을 마시러 찾던 곳이다. 물맛이 좋아 고향에 가지 않는 날에 같이 근무하는 선배와 그곳에 가곤했다. 그날도 그 옹달샘을 보고 싶어 길을 나서던 참이었다.

마른 잔디가 앙상하게 하늘을 향해 쓸쓸히 자리 잡은 그 오솔길을 걷고 있을 때에 눈 안으로 들어오는 생명체가 보였다. 몸을 낮추어 자세히 보니 작은 꽃들이 앙증스럽게 마른 들풀 사이에 다정하게 모여 피어 있었다. 봄을 속삭이는 듯했다. 처음 보는 꽃이었다. 흰색, 분홍색, 연보라색 설레는 마음으로 몇 송이를 조심스럽게 한 송이씩 떼어 가지고 산을 내려왔다. 너무 가냘퍼 꺾을 수가 없었기 때문에.

집으로 내려와 책꽂이에 정리된 책을 한 권 뽑아 책장을 열어 그 속에 꽃누름을 하였다. 그때는 그 이름을 알 수 없어 너무나 궁금했다. 그렇게 호기심 속에 궁금했던 꽃을 보러 그곳에 4년간 근무하며 봄이면 옹달샘 가는 길을 몇 번 더 찾아갔다. 그때마다 그 꽃은 나를 반겨주고 그 이듬해 초임지를 뒤로한 채 도회지 학교로 전근을 간 후 오랫동안 내 곁을 떠나 있었다.

초등학교 교직 생활을 마무리하며 앨범 정리를 하게 되었다. 그 꽃 이름도 모르고 궁금했던 마음도 뒤로 한 채 앨범을 펼쳤다.

그리고 산마을 아이들과 함께 찍은 사진 옆에 꽃누름한 노루귀를 끼워 넣었다. 흑백 사진이었지만 나름대로 운치가 있었다. 지금도 그때를 생각하면 싱그러운 추억들이 눈안 으로 달려든다. 아이들보다 나이만 조금 더 많았지 내가 그들보다 나은 것이 무엇이 있었나. 담임인 나도 철이 덜 들었으니 똑같은 아이였다.

노루귀는 복수초와 함께 봄을 상징하는 가장 대표적인 꽃이다. 어릴 때 돋는 잎의 모양이 노루의 귀처럼 동그랗게 말리고 털이 보송보송하여 노루귀라고 불리기 시작했다 한다. 지금은 야생화가 사람들 주변에 보편화되어 관심 있는 사람들은 한 분씩 구입해서 기른다.

10여 년 전 야생화 책을 구입하여 보면서 초임지 산마을에서 보았던 꽃이 노루귀라는 것을 처음 알았다. 참 꽃이름이 순수했다. 순한 노루의 눈처럼 고왔던 그때 아이들도 이젠 50 가까이 되어 함께 세월을 보내고 있다. 그러나 내 마음에 있는 노루귀의 모습은 아직도 그 아이들을 생각하며 고운 추억으로 간직하고 있다.

담 밑에 소박하게 피어있는 몇 송이의 노루귀, 교직 생활을 처음 시작하던 그 시절을 가득 담은 채 나와 함께 희망찬 새봄을 맞이하고 있다.

# 고양이



요즈음 저녁마다 우는 고양이 소리로 마음이 개운치 않다. 우리 집 화단 빈곳을 찾아다니며 화장실로 사용하던 고양이는 며칠 전에 새끼 세 마리를 데리고 왔다. 어머니는 어린것들이 불쌍했는지 그릇에 밥을 갖다 주셨다. 이튿날 아침에 보니 그릇에 담긴 밥은 그대로 있었다.

고양이가 우리 집에 오는 것은 자신의 배설물을 묻을 수 있는 흙이 있기 때문이다. 고양이는 배설물의 뒤처리를 보이지 않게 흙으로 덮는다. 흙을 볼 수 있던 마을의 공터도 차츰 사라지고 집집마다 보도블록과 시멘트포장으로 흙이었던 작은 마당이 바뀌어 가고 있다.

고양이는 흙이 있는 공간을 어김없이 화장실로 사용한다. 한번은 그곳에 꽃을 심어 고양이의 공간을 빼앗았다. 고양이는 하는 수 없이 어느 겨울에 맥문동 보드라운 꽃밭에 화장실을 만들기도 했었다.

퇴근 후 뒤꼍에서 고양이 소리가 들렸다. 벽돌로 쌓은 굴뚝 사이의 좁은 공간에 새끼 세 마리를 데리고 있었다. 야옹거리며 나를 쳐다보더니 몸을 감추었다. 살펴보니 바로 계단 옆에 이것저것 어수선하게 놓은 곳에 몸을 숨기었다. 나도 자식을 셋을 낳아 키웠는데 새끼를 데리고 이리저리 방황하며 피할 곳을 찾는 고양이가 측은하였다. 그 처지를 알면서 고양이를 쫓는 내가 참 이이러니 했다. 그날 밤은 우리 집에서 고양이의 소리는 들리지 않았다. 그런데 앞집에서 '저리 가.' 아주머니의 소프라노 소리가 들렸다. 내가 쫓았더니 그곳으로 간 모양이었다.

이튿날 출근할 때였다. 꺼칠해진 고양이 어미가 튀김 닭 뼈를 쓰레기 봉지에서 꺼내 길에 내놓고 뜯고 있었다. 사람이 쳐다봐도 피하지 않고 그냥 열심히 뼈에 붙은 고기를 먹고 있다. 그렇게 배가 고프니 어찌할 수가 없었던 모양이다. 사람이나 동물들 모두 굶주림의 앞에서는 어쩔 수 없이 원초적인 본능으로 돌아가나 보다. 얼마나 배가 고팠으면 사람이 지나가도 도망가지 않고 그렇게 할 수 있을까?

어느 때 부터인가 고양이는 애완견에게 밀려 모두 집 밖으로 쫓겨나게 되었다. 마을은 하나, 둘씩 늘어나는 도둑고양이들로 몸살을 앓고 있는 것이다. 그나마 음식물 쓰레기를 통에 분류하여 처리하는 바람에 잠시 사라졌던 고양이가 요즈음 다시 눈에 띈다. 물론 생명은 소중하고 귀하지만 집 주변에 오물을 배설하고 가끔씩 밤마다 소름 끼치도록 우는 소리가 듣기 불편하다.

지난달에는 뒤곁가는 길목에 죽은 새끼 쥐를 물어다 놓았다. 계속 3일 동안 하루에 한 마리씩 물어다 사람 다니는 길목에 던져 놓았다. 그리고 얼마나 영리한지 사람이 그릇에 주는 밥은 절대 먹지 않는다. 약을 탄 줄 아는지 아니면 자존심 때문인지는 모르겠다. 요망하고 깔끔한 고양이의 성품으로 보아 충분히 그렇게 하고도 남을 동물이다.

아침 출근길에 그 고양이는 앞집 할아버지에게 또 혼이나고 있었다. 눈도 꿈적하지 않고 주차공간 빈 터에서 쳐다보고 있다. 꺼칠해진 몸을 간신히 지탱하며 서 있는 모습이 .왠지 처량해 보였다. 말 못하는 짐승의 삶도 저렇게 처량할 때가 있으니 사람 사는 삶이야 그보다 더 말할 것이 없겠지.

요즈음 삶이 어려워 지친 사람들이 지하철 주변이나 역 대합실에서 잠자리를 마련하는 경우가 있다. 고양이는 이리 저리 다니며 자기 먹을 것을 구하지만, 가끔 두 다리 멀쩡한 건강한 사람들이 노숙자가 되어 살아가는 것을 보면 참 안타까운 생각이 든다.

사람들에게 구박을 받아도 꿋꿋하게 자기의 영역을 개척해 가며 삶을 영위해가는 고양이, 포기하지 않는 강인한 인내와 용기가 일상생활의 타성에 젖은 나를 돌아보게 한다.

# 얼음 샘



올 겨울은 유난히 춥다. 구십육 년 만에 찾아온 한파라고 매스컴에서는 야단이다.

연이어 계속되는 추위로 유치원 밖의 수돗물을 얼지 않도록 열어 놓았다. 조금씩 흐르는 물이 얼어 수도 주변에 얼음이 가득하다. 작은 물방울이 떨어지는 곳은 자연스럽게 얼음 샘이 되었다.

며칠 전부터 점심때가 되면 콩새 부부가 어김없이 그곳에 와서 물을 한 모금씩 마신다. 꼭 둘이 온다. 어떻게 알고 찾아왔는지 신비롭기까지 하다. 말 못하는 새지만 그 모습이 얼마나 다정한지 질투가 날 정도다. 한 마리가 먼저 가서 물을 마신 뒤 꼭 소리를 내어 다른 한 마리를 부른다. 그리고 둘이 머리를 샘에 들이대고 물을 마신다. 짹짹 다정하게 속삭이는 모습이 신혼부부 같다.

샘은 늘 물이 솟아나서 생명의 근원이 되고 있다. 사람이나 짐승들, 그리고 식물들도 물을 먹지 않으면 살아갈 수 없다. 내가 중학교 다닐 때 산 아래 옹달샘도 지금까지 생생하게 기억된다. 아주 무더운 여름날 책가방을 잠시 내려놓고 그곳 작은 옹달샘에서 한 모금씩 움켜먹던 물맛을 잊을 수가 없다. 달콤했다고 말하고 싶다. 그렇게 맛이 있었으니까.



아마 콩새 부부도 그런 마음이었을 것이다. 한 겨울 어느 곳에 가서 물을 마실까? 많이 고민도 하고 여러곳을 찾아 헤맸을 것이 분명하다. 다행히 찾아온 곳에 물이 있어서 얼마나 기뻤을까. 보통 생각하기엔 추워 얼어붙은 얼음덩이가 무엇에 쓸모가 있을까 생각되지만 그 쓸모없는 물질이 콩새 부부에겐 구세주가 된 것이다.

오늘은 날씨가 좀 풀려 얼음 샘이 녹아 호수가 되었다. 콩새의 가녀린 다리로 그곳에 들어가면 빠져 살아나기 힘들기에, 뾰족한 부리를 대고 수도꼭지에서 흐르는 물을 먹고 있다. 얼음이 녹으면 다시 인공수조에 작은 옹달샘을 마련해 주어야지.

집무실 안의 유리창에서 그 모습을 바라본다. 얼음 샘에서 물 마시는 콩새부부의 행복한 모습에 내 마음도 흠뻑 빠져들고 말았다.

나는 어떤 샘물이 되어 주변사람들에게 갈증을 풀어줄까.

3부

# 닭고기 간다

## 성안길을 걸으며



흰 눈이 내린다.

뽀드득, 뽀드득, 하얀 눈을 밟으며 성안길을 걸었던 50년 전, 꼭 이맘때이다. 서울에서 내려온 사촌오빠와 함께 손을 잡고 바쁘게 따라다녔던 기억이 아직도 생생하다. 당시 사촌오빠는 서울에 있는 명문대에 다니고 있었다.

1960년대의 시골은 먹고 살기 힘든 사람이 많았다. 봄이면 양식이 떨어져 장리쌀을 빌려다 그해 농사를 지어 고리로 갚던 시절이었다. 우리 집도 예외는 아니어서 부모님은 섣달이 되면 양식걱정을 하셨다. 그런 상황에서 내가 중학교에 진학한다는 것은 상상도 할 수 없었다. 초등학교 6학년 때 진학을 포기한 채 겨울방학을 집에서 보내는 중이었다.

졸업을 앞둔 오빠는 잠시 고향에 다니러 오셨다. 우리 집에 들러 부모님에게 공부 잘하는 동생을 왜 중학교 안 보내려 하느냐며 따지듯이 말하였다. 여자들도 공부를 시켜야 한다고 부모님께 말씀한 후 나를 끌다시피 데리고 청주 시내로 향했다.

여중 원서 마감 하루를 앞두고 너무 촉박한 나머지 빠른 걸음으로 사진관과 도장포를 들러 목도장을 새기고 학교에 가서 담임 선생님께 서류를 작성하여 원서를 제출했다. 그때부터 방학 중에 쉬고있던 나는 다시 학교에서 진학을 준비하는 아이들과 함께 공부를 할 수 있었다.

다행히 합격을 하여 중학교를 다닐 수 있었고, 그로 인해 내 삶의 길은 달라지기 시작했다. 그 후에도 여러 가지 어려움이 많았으나 그때마다 슬기롭게 넘길 수 있었다.

사람에게는 살아가는 동안 몇 번의 기회가 주어진다. 주어진 기회를 놓치면 삶의 방향이 달라지고 그 기회를 잡고 성실하게 노력하며 살아가는 이에겐 값진 대가가 반드시 따르게 마련이다. 그때 만약 오빠가 나를 데리고 가지 않았다면 어떤 삶을 살고 있었을까 생각해보면 아찔한 생각이 든다.

출발을 어떻게 하는가에 따라 세월이 지난 후의 결과는 천양지차天壤之差가 되는 것 같다. 참으로 선택은 중요하게 생각된다.

중학교 다닐 때 스승의 날 편지를 쓰게 되면, 초등학교 때 담임 선생님과 오빠에게 감사편지 보내는 것을 잊지 않았다. 철부지였지만 마음 한곳엔 늘 사촌오빠에 대한 고마운 연민의 정이 남아 있었기 때문이다.

지금도 성안길을 걷게 되면, 오빠와 손을 잡고 바쁘게 따라다녔던 어린 내 모습이 눈에 선하다. 아버지는 어려운 형편에서도 오빠의 권유에 따라 추운 겨울날 딸을 조카에게 믿고 맡기신 것이다. 세월이 많이 지나 오빠도 칠순이 되고 나도 60이 넘었다. 아버지도 세상을 떠나신 지 20년이 지났다.

오빠와 함께 걸었던 성안길은, 청주 상권의 중심지가 되어 많은 사람들이 오가고 있다. 아직도 흰 눈 내린 그때의 성안길이 그립다.

# 찔레꽃 향기와 어머니



유치원 진입로에 하얀 찔레꽃이 피었다. 오늘따라 그 모습이 애잔하다.

달리는 버스에서 바라보는 신작로 옆 산비탈의 밭두둑에 하얗게 무리를 이룬 모습이 유난히 정이 많으셨던 어머니처럼 애틋함이 묻어난다. 도심지에서 보니 고향에 온 것 같은 기분이 든다.

찔레꽃이 피기 시작하면 초여름이 시작된다.

꽃에 얼굴을 가까이하니 향긋한 냄새가 온몸으로 퍼지는 듯하다. 고향처럼 소박한 꽃이다. 초록잎 사이에서 가녀린 봉오리를 부풀려 가시를 몸에 지닌 채 피어나는 꽃. 이름도 애수가 가득

서린듯해 늘 끌리는 꽃이다.

찔레꽃은 원래 들장미이다.

소녀시절 〈들장미〉 노래를 부르며 상상을 했었다. 노래까지 있는 것을 보니 무척 아름다운 꽃인가 생각했다. 어느 날 생물 선생님께서 들장미가 찔레꽃이라는 말씀을 하셨다. 이미 아는 꽃이라 친근감이 더 생겼다.

어린 순은 꺾어 껍질을 벗겨 먹으면 달큰한 맛이 향수를 불러일으킨다. 소박한 꽃의 모습에 비해 향기는 얼마나 진한지, 어머니 품안처럼 포근함과 넉넉함이 함께 묻어난다. 꽃 냄새를 맡으면 어머니 생각으로 가득해진다. 사라진 고향도 떠오르고 헤어진 고향동무들 모두가 그리워진다. 어린 시절 가을이면 빨갛게 익은 찔레열매를 따서 소꼽놀이를 하며 놀았기에 더 애절한지도 모른다.

어머니는 찔레꽃이 필 무렵 집에서 멀리 떨어진 따비밭에 아버지와 함께 고구마 순을 심으셨다. 그때 집에서 동생들과 함께 놀다 문득 부모님 생각이 났다. 얼마나 덥고 목이 마르실까? 부엌에 가서 쇠주전자에 당원 물을 탔다. 설탕이 없었기 때문이다. 남동생에게 집을 부탁하고 20분이 넘게 걸리는 작은 산길을 지나 골

짜기 따비 밭으로 갔다. 어린 딸이었지만 맏이였기에 그런 마음이 들었나 보다. 주전자를 받아든 부모님의 웃음 띤 얼굴엔 땀방울이 송골송골 맺히고, 적삼 아래 굽은 등은 햇빛에 그을려 구릿빛으로 변해 있던 기억이 어렴풋이 난다.

그때 오리나무 그늘에 앉아 밭두둑을 바라보니 하얗게 핀 찔레꽃 옆에 연한 새순이 돋고 있었다. 어머니는 그 순을 꺾어 주시며 먹어 보라고 하셨다. 간식거리도 없고 배고팠던 시절이기에 맛있게 찔레 순을 먹었다. 어렵게 살았지만 서로 따듯하게 오간 정은 세상을 긍정적으로 바라보는 마음을 넣어 주었다.

하얀 하트모양의 다섯 장의 꽃잎이 꽃송이를 이루어 노란 수술과 함께 감미로운 향기를 내게 전해 주었다. 아버지를 중심으로 다정하게 모인 우리 식구들처럼.

찔레꽃 냄새를 맡을 때마다 은은한 향기는 친정어머니를 떠올리게 된다. 지금은 세상을 떠나셨지만 젊은 시절 나를 위해 모든 것을 바쳐 헌신하신 어머니시다.

긴긴 해 중학교 다닐 때 꽁보리밥에 쌀 한 줌을 넣어 싸 주시던 양은도시락, 그 작은 사랑을 지금도 잊을 수가 없다. 그때는 창피하기도 하고 사춘기에 자존심이 상했던 때도 가끔 있었지만 지금 생각하니 그것이 얼마나 큰 사랑이었는지 말문이 막힌다.

그런 어머니가 오늘은 한없이 그립다. 찔레꽃 향기에 어머니를 그리며 윤동주님의 〈별 헤는 밤〉을 음미하고 싶다.

# 뻐꾹새



"뻐꾹, 뻐꾹" 해가 진 산언저리에 뻐꾹새가 운다.

그 소리는 잔잔한 내 마음 한곳을 파고든다. 귀를 기울일수록 애잔하게 들린다. 고향의 보리 싹이 파랗게 자랄 때 뒷산의 뻐꾹새는 마을을 고운소리로 가득 채웠다. 초록과 그 소리의 어울림이 잊히질 않는다. 노래 가사에도 많이 나오는 그 뻐꾹새가 요즈음 산책로의 야산 근처에서 아침저녁으로 운다. 지난시절이 한없이 그립다.

뻐꾹새가 울던 때 난 발령을 기다리며 푸르름으로 물드는 봄날을 조금은 부담스럽게 보냈다. 괜히 부모님에게 늦어지는 발령에 미안한 생각이 들어서였다. 아침부터 집안 청소를 하고 흙마당을 싸리비로 깨끗이 쓸고나면 오월의 푸른 바람이 열어 놓은 방문으로 시원하게 들어왔다. 어머니는 감잎이 피기 시작하는 감나무 아래 푸성귀를 심어 열심히 가꾸셨다. 그리고 집안의 빈 터는 먹거리들로 가득하였다.

불현듯 그리워지는 날들, 이십대 초반이었던 나는 집안 정리를 하고 난 후의 시간을 라디오에서 흐르는 고전음악을 들으며 지냈다. 책을 읽으며 멜로디 속에 푹 빠져 요즈음 사람들의 입에 오르는 힐링을 한 것이다. 그때도 뒷산에서 뻐꾹새 소리는 여전히 들렸다. 그 소리를 들으면 걱정도 사라지고 평안함으로 마음이 채워졌다. 그리 긴 시간은 아니었지만 삶이 풍요로웠다. 살아가면서 그렇게 여유롭고 고운 감성으로 가득차 있던 날들은 손가락으로 꼽아 봐도 별로 생각나지 않는다. 아마 지금 내 기억에 남아있는 클래식들은 거의 그때 들은 것들이 아닌가 한다.

〈고향의 봄〉을 바이올린 연주로 들은 적이 있었다. 연주가 시작되자 마음속에 있는 찌꺼기들을 모두 빨아들이는 것처럼 온몸에 전율이 인다. 평범한 가사에 쉬운 곡이다. 그 연주를 들으며 소리 없이 흐르는 눈물은 보석처럼 고운 빛깔로 반짝이는 것 같았다. 여름밤의 때 묻지 않은 꿈처럼 감미롭고 멜로디에 슬픔이 묻어난다.

사람과 음악은 묘한 관계가 있는 듯하다. 그런 자연의 소리를 악기로 표현한 것이 흐르는 선율인데 왜 눈물이 나오고 마음이 뜨거워지는지, 음악은 보이지 않는 매력을 가지고 있다. 사람도 못 울리는 마음을 음악은 멜로디를 통해 마음을 사로잡고 눈에서 눈물이 흐르게 한다. 아마 의사도 그 원인은 찾지 못할 것이다.



뻐꾹새 소리엔 고향이 있고 지난시절이 고스란히 담겨있다. 도심지 주변의 낮은 산에서 우는 소리는 삶에 찌든 때를 신선함 속에 말끔히 씻어준다. 어미 소가 송아지와 함께 풀을 먹던 곳, 그곳에서 뛰놀던 유년의 기억이 새롭다. 수채화처럼 펼쳐지는 고향언덕, 읍내 간 어머니를 기다리던 성황당 가는 길, 모두 추억 속의 그림이 되었다. 그때 그 부모님은 세상에 계시지 않고 소풀 뜯던 언덕에서 놀던 어린것들이 자라 이제 이순이 넘어 흰머리가 하나씩 늘어가고 있다.

뻐꾹새는 때까치나 지빠귀 같은 다른 새의 둥지에 알을 낳아 까게 하여 새끼를 길러내는 습성이 있다. 그러나 그 소리만은 사람의 마음을 끄는 힘이 있다. 그리고 맑은 소리로 내 생활에 새

힘을 갖게 한다. 많은 세월이 지났어도 빼꾹새 소리는 변함없이 고향 뒷산에서 울던 소리 그대로이다. 그리운 고향처럼.

# 삶의 여정



“왜 죽지도 않는지 모르겠네!”

어머니의 독백이다. 힘드시고 몸이 불편할 땐 그런 말씀을 하신다. 며칠 전 둘째 손자 식구들과 함께 저녁 식사를 했다. 어버이날과 어린이날이 함께 있어 우리 가족이 모인 것이다. 아마 그때 식당 계단을 오르내리신 것이 매우 힘드셨던 것 같다. 사실 어머니의 경우 외식은 무리다. 그래도 남편은 어머니를 모시고 갔다. 활동이 별로 없으신 어머니는 집을 떠나 식사한 것이 매우 힘드셨나 보다.

3년 전부터 몸이 허약해지더니 이젠 행동하는 것이 매우 힘이 드나 보다. 그런 말씀은 안 했는데 며칠 전에도 그러시더니 오늘 아침에도 죽을 좀 잡수시고 자리에 눕는 중에 그렇게 말씀하신다.

어머니가 달라지기 시작한 것은 몇 년 전 화장실을 사용하고 물을 내리지 않는 것부터였다. 시간 개념도 차츰 희미해지더니 밤과 낮이 바뀌어 어린아이처럼 되셨다. 처음에는 식사만 끝나면 계속 주무셨다. 그때마다 되풀이되는 행동들이 하나씩 바뀐다. 돈을 가지고 헌금 봉투에 넣었다 다른 봉투에 넣기도 하고 때를 잘 구분하지 못하신다. 밤에도 가끔 교회 간다고 옷을 입고 가방을 들고 나오신다. 처음엔 어머니의 이런 행동들에 대해 이해할 수 없어 어머니에게 핀잔을 주었다. 시간이 지남에 따라 살펴보니 그것은 어머니 마음대로 하는 것이 아니라 연세가 들어 뇌의 손상으로 인해 판단력이 흐려지기 때문이라는 것을 알게 되었다. 이젠 어머니가 어떤 말씀을 해도 이해하려 노력을 하고 있다.

아침에 일어나면 속이 비어 간식을 챙겨드린다. 간식은 주로 발효식품인 요플레와 과일 몇 조각, 때로는 찐 단호박이다. 쟁반에 포크와 숟가락, 플라스틱 작은 스푼 이렇게 갖다 드린 후에 문을 열어보면 포크로 단 호박을 찍고 있다. 숟가락으로 긁는 것을 잊으시고 그렇게 하신다. 처음엔 그렇게 하는 것이 아니라고 말씀드리고 행동을 바꾸어 주었다. 이제 어머니에겐 지식을 전달하는 것을 떠나 내가 어머니에게 맞추도록 생각을 바꾸었다.

그런 일이 있은 후 호박을 숟갈로 긁어서 그릇에 담아 드렸다. 떡과 과일도 어린아이가 먹는 것처럼 작게 잘라 접시에 담아드렸더니 하나도 남김없이 잡수시고 "잘 먹었어요." 아이처럼 착하게 말씀하신다. 식탁에서 잡숫는 것보다 혼자 어머니 방에서 드시는 것을 더 좋아하시는 것 같다.



어머니의 고향은 이북평안도이다. 생전 말씀도 없으셨던 대문이 두 개 있던 고향집 이야기를 하신다. 우리 집에 가야 된다고 하시면서. 가끔 착각을 하시는지 어린 시절을 자꾸 생각하시는 것 같다. 어머니의 검버섯은 진해지지만 마음은 더 선해진다.

어머니의 모습에서 내 미래를 보는 것 같다. 살아계시는 동안 편안히 모시고 싶은데 잘 되려는지. 결혼하여 평생을 어머니와 함께 살다 보니 어느덧 35년이 되었다. 그동안 미운 정 고운 정 다 들고 나도 서서히 노인의 대열에 가까워지고 있다.

많은 세월이 지났다. 사람이 아무리 건강하다고 해도 세월의 흐름 앞에는 마음대로 할 수 없는 것이 삶의 여정인가 보다.

# 할머니 꽃 보러 가자요



손녀딸 둘이 현관으로 들어온다. 아들내외가 건강검진 관계로 주말 오전 시간을 부탁해 남편과 나는 손녀딸을 맞이했다. 큰아이가 다섯 살, 동생이 두 살이다. 제 엄마와 아빠가 떼어놓고 가도 울지 않아 다행이었다. 지난해만 해도 큰손녀가 제 동생을 보았을 때 어미와 떨어져 많이 울었는데 그동안 많이 자라 대견했다.

작은손녀도 오리처럼 걷지만 잠시도 가만히 있지 않고 제 언니 뒤만 따라 다닌다. 큰손녀는 세 돌이 지났어도 아기 티를 벗지 못하고 동생과 싸우며 지내기도 한다. 아직 작은애는 '언니', '아빠', '엄마' 이 세 단어 외에는 말을 못하니 몸으로만 말을 한다.

그래도 자매라 둘이 오순도순 함께 시간을 보냈다.

한동안 블록을 가지고 놀더니 지루한지 내 손을 잡아끈다. "할머니 꽃 보러 가자요." 밖으로 나가자는 말이다. 아이들 이기는 어른은 없다더니 하는 수 없이 끌려 나갔다. 다리가 불편해서 앉고 일어서는 것이 매우 힘이 들었다.

지난봄에 왔을 때 큰손녀를 작은 뜰로 데리고 나간 적이 있다. 이른 봄이라 연보랏빛 깽깽이와 노란 수선화가 피어 있었다. 꽃을 만지면서 이름을 알려 주었더니 아마 그때 보았던 기억이 떠오른 모양이다. 꽃달개비 옆에 가서 보라색 꽃이 피었다고 이야기 한다. 꽃 이름을 모르기 때문에 꽃 색깔을 말한다. 그리고 이꽃 저꽃 만져보더니 옥상 계단으로 올라갔다.

아파트 작은 공간에서 생활하다 할머니 집에 와서 돌아다니니 기분이 좋은 모양이다. 옥상에 있는 꽃 이름도 물어보고 이리저리 뛰어다니며 즐거워했다. 그 모습을 지켜보다 옥상이 위험해서 다시 방으로 데리고 내려왔다.

그림도 그리고 분무기로 물도 쏘아보다가 네 시간쯤 지나자 제 어미 생각이 났는지 현관문 있는 곳을 갔다 온 뒤에 "언니가 엄마한테 갔다 왔어."라고 제 동생에게 이야기했다. 보고 싶은 엄마를 그렇게 해서 스스로 자제하는 것 같았다.

문득 내 어린 시절이 생각났다. 반 아이들은 방학 때면 외가엘 간다고 자랑 삼아 이야기하는 것을 여러 번 들으며 지냈다. 그때마다 외가가 없는 내겐 늘 외가와 외삼촌이 동경의 대상이었다. 외할머니는 아들이 없어 우리와 함께 사셨기 때문이다.

친정어머니는 말씀은 없었지만 외할머니를 모시고 살며 아버지께 미안해하셨다. 그러나 나는 외할머니와 함께 지내며 사랑을 듬뿍 받아 정서적으로 안정된 성품을 갖게 되었다. 삼형제를 데리고 친정에 갈 때마다 어린 시절을 생각하며 감사한 마음이 들었었다. 이런 것을 생각하니 우리 손녀딸들에게 함께 살지는 않지만 가끔 다녀갈 때 마다 고운 추억을 만들어 주는 그런 할머니가 되고 싶다.

점심때쯤 아들 내외가 도착하자 손녀딸들은 두 팔을 크게 벌리고 함박웃음이 가득한 얼굴로 뛰어가 엄마 아빠 품에 안긴다. 그렇게 좋을까?

힘은 들었지만 손녀들로 인해 마음이 맑아진 하루였다.

"할머니 꽃보러 가자요."

손녀딸의 또랑또랑한 소리만 내 귀에 들리는듯하다. 감사하다.

# 실로폰 모닝콜



며칠 전 입추가 지났다. 아직도 더위는 쉽게 가시지 않아 이마에 송골송골 땀방울이 맺힌다. 가을이 오기 전에 먼저 아이들이 출타한 2층의 빈 방부터 정리했다. 책장 맨 아래 서랍에 작은 실로폰 한곳에 녹이 쓴 채 케이스에 두 채와 나란히 담겨있었다. 이미 다 자라 서른 살이 넘은 아이들 생각에 마음은 지난날을 더듬는다.

젊은 시절 음악 강의에 참석했던 나는 신선한 정보에 관심이 생겼다. 그것은 교수님이 아이들을 깨울 때 "야! 빨리 일어나."라고 소리 지르지 말고 방문 앞에 가서 선율악기를 한번 들려주라고 하셨다. 동화 같은 상황을 아이들이 초등학교 저학년이니 한번 적용해 보는 것이 좋을 듯싶었다.

하루는 아침 여섯 시쯤 2층 아이들이 자는 방문 앞에 가서 조금은 설레는 맘으로 실로폰을 들었다. 〈아침〉이라는 동요인데 계이름을 알기 때문에 한손으로 채를 이용해 두드렸다.

"일어나자. 아침이다. 어서들 일어나서

(미미레도, 미미레도, 미파솔 솔파미파)

새아침 맑은 바람 우리 모두 마셔 보자"

(레미파 파미 레미 미미 파솔 미미 레도)

아침에 들리는 실로폰의 단순한 선율은 내가 관심이 있었던 것처럼 아이들에게도 마음이 쏠린듯했다. 그러자 둘째아이부터 눈을 비비며 문을 열고 선율이 들리는 곳으로 나왔다. "엄마가 실로폰으로 친 거야." 입가에 행복한 미소가 가득했다. 적용한 정보는 일단 성공을 거둔 것으로 생각했다. 그렇게 길진 않았지만 깜짝 이벤트로 어린 시절 아이들의 마음에 추억 하나를 만들어 주었다.

아이들은 그 동요에 맞추어 6시면 일어났다. 그렇게 얼마동안을 규칙적으로 하다 보니 6시에 일어나고 밤 아홉 시면 잠자리에 들었다. 그 습관으로 중학교 입학해서는 숙제할 시간이 모자라

애를 태운 때도 있었다.

남자 삼형제를 키우는 나를 사람들은 의아하게 생각했다. 차분한 성품을 가진 사람이 어떻게 남자아이들 셋을 키웠느냐는 말을 가끔 하는 사람들도 있다. 그러나 남자 아이라고 해서 다 억세거나 어수선하지는 않은 것 같다.

우리 삼형제는 조용히 자랐다. 그때는 집에서 살림을 할 때라 때마다 간식을 만들어 먹이고 할머니가 체육공원에 데리고 가면 서로 재미있게 지내며 나름대로 정서적인 유년 시절을 보낸 셈이다.



따뜻한 봄날 친정에 갔을 때는 자기들이 신고 있던 고무신에 잡아온 올챙이를 길러 개구리가 되었을 때 논에 가서 살려준 일, 모든 것들이 아이들과 함께 시간을 보냈기에 가능한 일이었다.

실로폰의 채를 들고 다시 그 동요를 쳐 본다. 여러 개 포개진 낡은 앨범 속에 아이들의 모습을 한장 한장 넘기며 지난날을 회상해본다. 귀여운 손주 온유와 소명이가 할머니 집에 오면 한 번 들려주고 싶다.

# 봄이 오는 곳



부모님 계신 산소, 미원면 계원리에 갔다. 지난해 추석에 다녀오고 몇 달이 지난 터라 부모님이 그리웠다. 마음이 울적할 때나 기쁠 때 가장 먼저 가고 싶은 곳이다. 남편도 오늘은 아무 말 없이 성경책을 들고 나섰다. 내가 기동력이 없어 가고 싶을 때 못가니, 남편에게 꼭 가자고 말을 해야 갈수 있는 것이 아쉽다. 막내의 기쁜 소식을 전해드리고 싶었다. 살아계시면 얼마나 기뻐하실까.

산골마을 느티나무 옆에 차를 주차시키고 부모님계신 산소 가는 길로 접어드니 조금은 낯설다. 지난가을 왔을 때보다 길이 바뀐듯했다. 밭가운데에는 시골에서 보기 드문 전원주택이 자리 잡고 있다. 넓은 하늘이 집주변과 마당에 가득하다. 봄기운에 언 땅이 녹아 신발 바닥에 진흙이 붙어 걷는 데 불편했다.

그 옆을 돌아 두 분이 계신 산소에 도착하니 마른 잔디 사이로 겨울을 이겨낸 잡초가 파랗게 돋아나고 있다. 봄 햇살이 차가운 봄바람과 함께 산소 언저리를 따스하게 비치고 있다. 남편과 나는 산소 앞에 서서 하나님께 감사기도를 드렸다. 성경책을 가지고 온 남편의 순수한 마음이 표현은 하지 않았지만 감사했다.

큰조카가 스물세 살이니 이십 년이 훨씬 넘었다. 아버지를 이 곳에 안장하던 날 어린 주목 두 포기를 심었는데 제법 보기 좋은 교목으로 자라있었다.



어머니는 7년 전 우리 곁을 떠나 이곳에서 아버지와 함께 계신다. 부모님을 생각하니 갑자기 눈물이 맴돈다. 부모님이 먼저 가셨지만 우리 삼남매는 열심히 살아가고 있다. 남편이 이곳에 기분 좋게 온 것은 아버지께 감사한 마음을 전하는 것 같았다. 사실 며칠 전에 막내가 항공사에 입사했다. 3년간의 훈련비를 아버지께서 주신 작은 집터를 종잣돈으로 하여 대신한 셈이다. 임종하실 때 남동생에게 누나 집 짓게 150평 주라고 했다. 그것을 팔아 훈련비를 마련한 것이다. 그러니 아버지께서 외손자에게 주신 마지

막 은혜다.

하산하는 길에 어머니가 어릴 적 노닐던 개울을 바라보았다. 얼음이 녹아 봄물이 흐르고 있다. 졸졸졸 봄의 소리가 함께 흐른다. 늘 그리워하던 개울이다. 어린 시절 외할머니가 말씀해 주신 지명들을 생각해 본다. '임봉' '지땡이' 할머니도 그립다. 지난 시절이 지금이라면 얼마나 할머니는 기뻐하실까. 할머니도 보고 싶다.

할머니와 어머니가 살던 고향, 그곳에 부모님이 계셔서 나는 추억에 잠길 수 있다. 산천은 변함없이 세월이 가도 그대로 있으니 얼마나 다행인가. 세월이 흐르면 어떻게 변하려는지 모르지만. 개울엔 버들강아지가 추위 속에서도 사랑스럽게 피어 봄을 알린다. 볼에 대니 보들보들한 것이 정감이 간다. 봄은 그렇게 말없이 우리 곁으로 다가오고 있었다.

부모님이 계시는 산소를 바라보니 봄 햇살이 가득 내리고 있다. 벌써 많은 시간들이 지났다. 그 개울은 봄 햇살을 안고 유유히 흐른다. 봄이 시작되는 이때 막내의 봄도 따뜻하게 잘 풀려 삶의 여정이 푸름으로 펼쳐지길 기다려 본다.

부모님 눈가에 흡족한 눈웃음, 그리고 우리 내외에게 손을 흔든다. 환영 속에서.

# 모정母情



자꾸 눈물이 난다. 어머니가 나를 시집보낼 때도 이렇게 우셨을까? 큰아이 장원이의 출국을 며칠 앞두고 아쉬움에 안절부절못하며 지냈다. 손에 아무것도 잡히지 않았다. 귀국해 함께 지내다 터미널에서 헤어지고 나니 마음이 아렸다. 출발시간 전에 사진도 찍고 수선을 피워 보았으나 볼을 타고 흐르는 눈물은 감출 수가 없었다. "엄마 사랑해." 나를 포옹한 후 눈가에 이슬이 맺힌 채 큰아이는 공항 가는 버스에 올랐다.

장원이를 보내고 돌아서니 쏟아지는 눈물을 주체할 수 없었다. 둘째가 함께 주차장에서 나오며 내 모습이 측은해 보였는지 "형이

취업해서 가는데 집에서 함께 있는 것보다 좋지 않으냐?"라며 나를 위로했다. 6개월의 긴 기다림 속에 취업비자로 출국하게 된 것인데 어찌 기쁘지 아니하랴. 그러나 헤어짐은 섭섭했다.

장원이는 쌍둥이로 3분 먼저 태어나서 형이 됐다. 그 짧은 순간도 출생 순서에 따라 두 동생들의 형으로 막중한 책임이 주어진 셈이다. 어린 시절 어른들이 모두 교회 가고 나면 현관 출입문에 야구방망이를 가져다 세워놓고 집을 지켰다. 시간이 지나 동생들이 잠이 들면 졸음을 참고 형이기 때문에 어른들을 기다렸다고 한다. 이런 이야기도 함께 생활하면서 들을 수 있었다.

부모가 되어야 부모 마음을 안다더니 장원이를 보내고 돌아오며 줄곧 친정어머니를 생각했다. 내가 초임지에 발령받았을 때 아버지와 함께 딸을 산골마을에 두고 가시며 참 많이 우셨다. 해가 질 무렵엔 어머니 생각에 부끄러움도 모르고 나도 교무실 책상에서 엎드려 많이 울었다. 그때 어머니 마음이 어떠했는지 이제 조금이나마 이해가 간다. 눈물에는 상대방의 따뜻한 정이 함께 녹아 있어 사람의 마음을 순수하게 정화시키는 것 같다.

큰아이는 미국에서 오랜 학업생활 끝에 처음으로 직장을 따라가는 것이라 더 애틋했다. 우리 집안의 맏아들로서 타국에서의 어려운 여건들을 자신의 힘으로 개척해야 하는 책임을 실어 보냈다.

장원이는 몇 달 동안 식구들과 생활하며 정이 많이 들었다. 내가 해 주는 반찬이 맛있다고 먹을 때마다 내 마음을 기쁘게 했다. 하긴 긴 세월 이국 생활을 했으니 무엇 하나 제대로 해 먹었을까? 봄에 나온 돌나물과 신선한 쑥국, 냉잇국, 백김치, 초절임 등을 좋아했다. 나는 때때로 남편에게 소홀했던 반찬준비도 큰아이 때문에 더 신경을 쓰곤 했다. 남편에게는 미안했지만. 어른들 셋이 무덤덤히 생활하던 중에 큰아이로 인해 얼마 동안이지만 가정에 활기가 돌았다.



귀가해 2층에 올라가 보았다. 큰아이가 떠나간 빈방에는 여기저기 널브러진 장원이의 흔적이 보인다. 옷가지와 가재도구들, 전원을 내린 보일러, 방바닥도 냉기가 돌았다. 장원이가 공부하던 책상 앞에 앉아 보았으나 마음의 한곳이 허전했다. 아침 출근시간과 저녁 귀가시간에도 큰아이 얼굴을 볼 수 없다. 그러나 내 마음속 깊은 곳에 자리한 모정母情은 어쩔 수 없나 보다.

담장에 있는 인동덩굴에 새순이 트고, 뜰에는 튤립과 히아신스 싹이 올라오고 있다. 뜰은 긴 잠에서 깨어 봄을 맞이하고 있다.

장원이도 이국異國에서 봄처럼 어미 정情을 자양분으로 삼아 싱그럽게 뻗어갈 것이다.

# 옥상 텃밭

118

열무김치를 담갔다.

옥상에서 물 주어 기른 솔부추를 잘 씻어 양념과 함께 열무김치에 넣었다. 아주 잘 자란 솔부추다. 맛을 보니 제법 칼칼한 것이 시원하게 건져 만든 국수생각이 난다. 그 솔부추는 지난번에 한번 베어 먹고 또 다시 자라 두 번째 벤 것이다. 햇빛을 받고 자라고 있는 푸성귀들이 정성을 기울인 만큼 내게 기쁨을 준다. 남편과 함께 옥상을 오르내리며 키웠기에 더 정감이 간다.

우리 집 옥상에 방부목 상자로 작은 텃밭을 몇 개 만들었다. 태양광을 설치하여 공간이 비좁지만 햇빛이 비치는 곳에 상자를 나란히 놓고 솔부추, 상추, 참나물, 고추, 깻잎을 심었다. 그리고 아침저녁 궁금하여 꼭 한 번씩 그곳을 오른다. 요즈음은 옥상에서 자란 채소를 조금씩 뜯어 식탁에 올리는 재미에 푹 빠졌다. 내가 가꾼 채소가 식탁에 오르는 것이 이렇게 기쁜 것인지 미처 몰랐다. 퇴근 후에도 피곤하지만 꼭 한 번씩 찾아가 눈 맞춤을 한다. 시간이 흐르며 자라는 기쁨에 피곤도 모르고 열심히 물을 주고 어린 잡풀도 뽑고 거름도 주어 가꾸고 있다. 마음까지 기뻐진다. 삶의 염려들이 아침 안개 걷히듯이 모두 사라진다.

작은 마당에는 들꽃들로 발 딛는 곳만 빼고 틈이 없다. 가끔 텔레비전에 도시의 옥상 텃밭 모습이 나와 우리 옥상에도 푸성귀를 심어 유기농 채소를 먹고 싶은 생각이 들었다. 남편도 나와 같은 생각이어서 지난 4월부터 기르기 시작했다. 남편은 자기가 심은 상추를 보러 틈새 시간이 있을 때마다 옥상을 오른다. 그러면서 더디 자라는 상추를 보며 걱정을 한다. 이웃집에서 함께 분양 받은 상추인데 앞집에 심은 것이 훨씬 더 잘 자라는 것 같다고 아쉬워한다. 급한 성격에 조금씩 자라는 것을 기다리자니 얼마나 애가 탈까, 그때마다 그곳은 반그늘이기 때문에 상추가 연하고 크게 자란다고 여러 번 설명을 해 주었다. 흙에 부엽토를 섞어 꽃을 가꾸듯이 심었는데 어느 지인이 유기농 퇴비를 주어야 한다고 해서 퇴비도 한 포대 사다 놓았다. 남편이 처음에 꽃을 좋아하는 날보고 꽃 대신 돼지고기 한 근과 비교 했었지만 이제는 바빠 심을 꽃을 심지 않고 두면 계속 이야기해서 얼른 심어야 하는 것으로 바뀌었다. 어느 정도 살아있는 식물에 대한 애정이 보이지 않게 싹트고 있는 것이 은연중 느껴진다. 아내의 생활을 보이지 않게 닮아가는 모습에 나는 작은 행복에 젖는다.



며칠 전에는 아들네 식구들이 다니러 왔다. 옥상에서 가꾼 상추와 뒤곁에서 자란 곰취를 뜯어 목살을 구워 싸서 먹으니 그 맛이 일품이다. 아들은 상추가 맛있다고 했다. 아마 햇빛을 받고 자랐기 때문에 잎사귀가 크지 않지만 영양은 더 많은 것 같았다. 쌉쌀했다. 내 손으로 가꾼 채소를 식탁에 올려보니 기뻤다. 더구나 내 피붙이들에게 먹이는 것이라 더 기분이 좋았다.

생명을 가꾸는 일은 어떤 일보다 더 보람 있다. 사람이든 식물이든 정성을 들인 만큼 결과가 있기에 그렇다. 그리고 그 자라는 과정이 마음에 기쁨을 주기 때문에 우리의 몸과 마음도 건강해진다. 늘 식물을 가까이 하다 보니 생명에 대한 관심이 마음을 다스린다. 그것은 정직하고 정확하기 때문에 삶을 돌아볼 수 있는 많은 부분들이 있다.

식물을 기르는 것은 사람을 키우는 것과 같은 부분이 많이 있다. 적기에 물과 영양분을 공급해 주어야 하기 때문이다. 때를 놓치게 되면 금세 병충해로 더 많은 시간과 노력이 필요하게 된다. 그래야 건강하게 자라고 좋은 씨앗을 만든다.

옥상텃밭에서 귀여운 아기들의 자라는 모습을 되돌아본다. 건강하고 바르게 키우겠다고.

# 닭고기 간다



KBS전국 노래자랑 시간이었다. 출연자의 시어머니가 종이상자에 장닭을 담아서 나왔다. 아마 며느리 노래하는 것이 자랑스러워 그 집에서 가장 좋은 것으로 골라 온 모양이었다. 사회자에게 닭을 선물하는 모습에 아직도 시골 정서는 나눔의 정이 남아있어 마음 한곳이 따뜻해졌다.

문득 그 모습을 보니 우리 아이들의 어린 시절이 주마등처럼 지나갔다. 겨울방학에 친정아버지는 딸네 집 다녀오시는 길에 암탉을 한 마리 가져오셨다. 집에서 기르던 놈이라 벼슬도 빨갛고 걀걀거리는 통통한 닭이었다. 털이 붉은 갈색을 띤 건강해 보이는 암탉이었다. 닭은 공포에 질린듯 까만 눈을 껌벅거리고 낯선 환경에 어리둥절하며 탈출구를 찾는듯했다.

남편과 시어머니는 물을 끓이더니 닭의 목을 쳐서 거꾸로 들어 피를 뽑으며 숨이 끊어지기를 기다렸다. 생명을 멈춘 후에 끓인 물을 부어 털을 뽑았다. 이렇게 잡은 닭으로 요리해서 맛있게 먹은 적이 있었다.

그 며칠 후에 친정엘 갔다. 마당에는 집에서 기르는 토종 닭 몇 마리가 꼬꼬댁거리며 돌아다녔다. 방안 창문에서 그 모습을 바라보던 네 살 된 막내는 신기한 눈으로 "닭고기 간다."라고 손가락으로 닭을 가리키며 큰 소리로 말했다. 큰 눈은 황소의 눈처럼 더 커진 것 같았다.

나는 깜짝 놀랐다. 어찌 닭을 닭고기라고 말할까? 한참 생각을 해보았다. 지난번에 외할아버지가 가져온 닭을 집에서 잡아 요리하여 닭고기를 먹었기 때문에, 아마도 어린것의 어린 눈에는 맛있었던 닭고기만 생각난 것이다. 아이의 생각으로는 그 말이 옳은 말이었다. 아마 산닭이 고기로 변하기까지의 과정은 모르고, 오로지 맛이 있었던 닭고기만 생각나니 그리 말할 수밖에.

유아들은 백지처럼 깨끗하고 순수하다. 눈에 보이는 대로 말한다. 가감하지 아니하고 있는 모습 그대로를 드러내기에 가끔은 어른들을 생각에 잠기게 한다. 비록 어리지만 무엇이 옳고 그른 것인지 그들도 판단하고 있다. 다만 표현이 직설적이고 미숙할 뿐이다. 이처럼 순수한 어린아이들을 아무것도 모르는 것처럼 생각하며, 그들의 생각이나 의견을 무시하기 일쑤다.

아이들은 가장 가까운 부모나 위탁기관에서 함께 생활하는 교사가 행동의 모델이 된다. 그래서 서로의 인격적인 만남은 매우 중요하다. 모방하여 학습되기 때문이다. 요즘 많은 사건이 우리들의 마음을 슬프게 한다. 상상할 수도 없는 일들을 죄의식 없이 저지르며 사회를 교란시킨다. 어린아이들이 어른들을 믿지 못하는 서글픈 현실이 되고 있다.



우리는 순수한 동심에 멍이 들지 않도록 서로 노력하고 내 자녀처럼 보호해야 하겠다. 다음세대의 기둥인 어린 생명을 위해 올바르게 살아가야 하지 않을까 싶다.

"닭고기 간다."라고 말하던 천진한 그 모습을 그리며 나 자신을 돌아본다.

윤동주 시인의 〈서시〉처럼 "죽는 날까지 하늘을 우러러 한점 부끄럼 없기를" 바라며.

# 눈 내리던 날



올 겨울은 12월 초순부터 유난히 눈이 많이 내린다. 창밖은 연이어 내린 함박눈으로 온통 하얀 세계가 되었다. 기온까지 내려가 생활에 불편함을 느끼지만 마음 한곳엔 겨울 낭만이 남아있다.

어린 시절 겨울이면 부르던 〈고드름〉 노래, 가사 속에 있던 고드름도 건물 가장자리에 여기저기에 매달려 있다. 아기들에겐 신기할 뿐이다. 눈 장난을 하던 손에 고드름이 쥐어져 있고 흰 눈과 어우러져 강아지처럼 즐거워한다.

눈이 내리니 제일 좋아하는 것은 아기천사들이다. 왜 그럴까 때묻지 않은 동심이 흰 눈처럼 맑기 때문인가! 이젠 그 아름답던

눈도 겁이 난다. 미끄러운 출근길이 두렵고 추워지는 날씨가 반갑지 않다. 그러나 어린 시절 흰 눈은 아련한 추억들을 마음 한곳에 묻어 놓았다.

흰 눈이 하얗게 내린 겨울밤이었다. 고향집 뒤 교회 언덕에는 경사진 비탈길이 있었다. 동네아이들은 저녁을 먹고 교회 언덕 주변으로 모였다. 비탈에 미끄럼 길을 만들기 위해서다. 그때는 텔레비전도 없이 자연과 더불어 놀이를 하지 않으면 특별히 즐길 놀이가 없었다. 옆에 있는 눈을 두 손으로 움켜 비탈길에 붓고 발로 여러 번 밟아 다진 다음 쪼그리고 앉으면 스르르 아래로 내려갔다. 스릴이 있어 나이든 사람들이면 어린 시절 즐기던 기억이 남아있을 것이다.



조금 나아진 것이 비료포대를 깔고 타는 것이다. 언덕 위로 올라가 경사면에 깔고 앉으면 언덕 아래까지 빠른 속도로 내려간다. 스키 대신 타는 비닐 미끄럼이다. 하늘의 달빛은 차갑고 손은 시리지만 동심 속엔 미끄럼 타는 재미로 동네 아이들의 놀이터가 되었다. 이튿날 어른들은 교회 올 때 미끄럽다고 삽으로 흙을 파서 우리들이 애써 만든 얼음길에 흙을 뿌리곤 하셨다. 우린 아랑곳없이 집에서 빗자루를 가져다가 흙을 쓸고 또 비닐 미끄럼을 탔다.

오늘처럼 하얀 눈이 많이 내리면 아버지는 볏짚으로 참새를 잡기 위해 새덫을 만드셨다. 참새들이 눈이 내리면 들에 먹을 것이 없어 집 근처로 많이 날아 들었다. 먹잇감으로 벼나 조이삭 같은 것을 사용하였다. 그 덫을 놓으시고 찢어진 창호지 문틈으로 참새의 동정을 살피신다.

문틈으로 보는 마당의 광경은 어린 내겐 신기하고 재미있었다. 참새가 날아와 벼이삭을 쪼아 먹다가 덫에 걸리면 얼른 나가 참새를 잡아오셨다. 작은 참새를 만져 보라고 하여 손에 쥐면 부드러운 깃털에 쌓인 몸이 따스했다. 덫에 걸려 목이 늘어진 모습이 가련해 보이기도 했다.

잡은 참새의 털을 벗겨 약한 불에 구워서 익으면 소금을 뿌려 주셨다. 참새고기는 워낙 작아 살은 별로 없어 먹을 것이 적지만 아버지가 구워 주시던 참새고기는 쫄깃한 것이 참 맛이 좋았다. 고기를 드시지 않는 아버지도 참새고기는 잡수셨다. 아궁이잿불에 구운 참새고기를 먹으려고 앉아 기다리던 기억이 생생하다.

탐스럽게 내리는 흰 눈을 바라보니 까마득히 잊었던 옛 모습들이 커다란 함박눈 송이에 담겨 소리 없이 내려앉는다. 딸을 아끼셨던 아버지의 사랑과 함께.

4부

# 낙엽을 밟으며

# 땅끝마을 바위솔



가을햇살이 따가운 옥상에 오른다. 옥상은 우리 집의 유일한 쉼터이고 생활의 터전이다. 익어가는 가을과 함께 바위솔도 빨갛게 물이 들었다. 봄부터 긴 여름 동안 뜨거운 햇빛을 받으며 많은 고통을 이겨내고 꽃대를 올려 파란하늘을 바라보고 있다. 그 새로운 삶의 몸부림으로.

땅끝 마을 월출산이 있는 대흥사에 들렀다. 절 주변을 살피니 돌틈 비옥한 곳에 아주 작은 바위솔이 보인다. 시들시들하게 생명을 유지해가며 이끼를 터전 삼아 살고 있었다. 무척 처연해보였다. 처음으로 자연에서 자라는 모습을 보았다. 어릴 적 고향의 야산에서 보았던 호랑이발톱의 기억뿐이다. 한참 돌아보니 돌담 기왓장에 먼지가 쌓여 이끼가 뿌옇게 붙은 곳을 바위솔이 안식처를 삼아 자라고 있었다. 마음은 기쁨으로 가득했다. 빨리 집에 가서 예쁜 집을 지어주고 싶었다. 1박2일의 여정은 관계없이 내겐 습기 찬 화장지 속의 바위솔을 몇 번씩 펼쳐보는 것뿐이었다.

바위솔은 땅끝 마을에서 우리 집 옥상으로 터를 옮겼다. 마사로 정성들여 심어 옥상에 올려놓고 아침저녁 살펴보았다. 두어 달이 지났을 때 바위솔에서 예쁜 꽃대가 올라왔다. 하얗게 핀 모습이 파란 하늘과 어울려 앙증스러웠다.



어느 날 옥상에 오르니 소담했던 바위솔이 갈래갈래 떨어져 사방으로 흩어져 있었다. 고양이가 볼일을 보려고 파헤치다 딱딱한 모래가 굳어있어 싹꼬투리를 뜯어 사방으로 던져놓았다. 속상했다. 옆에 있으면 때려주고 싶은 마음이 굴뚝같았다. 흩어진 바위솔을 다시 찾아 심었다. 어린 싹은 몇 주 지나며 뿌리를 내리고 튼튼하게 자리를 잡았다. 꽃이 지고 씨가 영글 무렵 고양이는 씨가 달린 꽃대를 어디 가져가 숨겼는지 찾을 길이 없었다. 어느덧 흰 눈은 내리고 바위솔은 겨울잠에 들어갔다.

이듬해 봄, 바위솔 화분을 여기저기 살펴보니 싹은 보이지 않았다. 어느 날 화분 옆 욕조 아래 푸른빛이 감도는 생명체가 보였다. 물 내려가는 곳으로 흙이 퇴적된 곳에 초록의 작은 싹이 돋아나고 있었다. 바위솔의 어린 싹이었다. 그 모습이 너무 신기하여 지난해 서운함도 아랑곳없이 기쁨으로 가득했다. 옥상의 화분에 물을 줄 땐 꼭 욕조 밑에 사는 바위솔에게도 주어 그들의 생명을 가꾸기 시작하였다. 생명은 정성들인 만큼 사람에게 사랑으로 보답하여 주었다.

이끼와 먼지 틈에 떨어진 작은 씨앗이 발아되어 새 생명이 자라는 모습이 눈물겨웠다. 비가 내리는 장마에도 움직이지 않고 그곳에 실뿌리를 내리고 생명을 이어가며 자리를 지키고 있었다. 일상에 느슨해진 자신을 돌아보게 하였다.

장마가 그친 뒤 옥상은 너무 건조하여 이끼가 또르르 말리기 시작했다. 죽었나 살펴보니 그대로 웅크리고 시들시들한 이끼에 뿌리를 내린 채 버티고 있었다. 안쓰러워 커다란 토분을 하나 마련하였다. 말린 이끼를 걷어내어 어린 바위솔을 하나하나 토분에 정성들여 심어주었다. 그곳에서 바위솔은 싱싱하게 잘 자랐다.

이제는 춥고 더워도 걱정 없게 되었다. 그러나 땅끝마을 바위솔은 고향을 생각하며 너무 편안한 곳에서 외로움을 느낄지도 모른다. 바닷바람이 불어오고 갈매기의 속삭임이 가득한 고향, 땅끝 마을을 그리워하면서…….

# 상사화



여름 뜰은 유난히 더운 날씨도 아랑곳없이 꽃들의 속삭임으로 가득하다. 플록스, 모싯대, 원추리, 참나리, 왜솜다리, 붉은 인동, 청강초롱, 분홍달맞이, 비비추, 모두 초록빛 여름 속에 저마다의 모습을 드러내고 있다. 하루도 빠짐없이 아침저녁으로 바라보는 뜰인데 어린 시절부터 호기심으로 가득차 있던 꽃이 초록빛 속에서 고개를 들었다.

며칠 전 장마가 그친 오후 벽돌담 아래 연분홍 상사화가 처연히 피었다. 잎사귀도 하나 없이 줄기 꼭지에 꽃대를 올려 핀 모습이 왠지 쓸쓸해 보인다. 그 모습에 많은 사연이 담긴듯해 관심이 간다.

상사화는 봄이 오면 가장 먼저 탐스런 잎사귀를 올려 봄을 알린다. 모란꽃처럼 탐스런 잎은 여름이 오기 전 모두 말라 싹이 났던 자리는 자취도 없이 사라진다. 7월 중순이 넘어 장마가 지기 시작하면 기다란 줄기 끝에 분홍색 꽃을 피운다. 오랜 세월이 지났지만 아직도 지난날 보았던 그 빛깔, 그 모습이 변하지 않았다.

처음 상사화를 본 것은 고향의 한학자셨던 집안의 할아버지 댁에서였다. 어느 여름날 넓은 마당이 있는 토담 밑의 한곳에 잎도 없이 분홍색 꽃이 몇 대 피었는데 미인처럼 곱다고 생각했다. '우리 집에도 저런 꽃이 있었으면…….' 하는 마음이 들었다.

가끔 여름철 등산을 하다 하산할 때 절이 있는 곳에 피어있는 것을 몇 번 보았다. 내 마음에 늘 피어있던 그 꽃은 남편과 함께 등산 갔을 때 산중턱 허물어진 집터에서 발견하였다. 선녀처럼 고운 모습 그대로 한 포기를 모셔온 것이다. 이젠 긴 세월이 지나 포기가 많아졌다.

상사화는 꽃과 잎이 평생 서로 만날 수 없도록 자라는 것이 특징이며 3월에 싹이 돋아 무성히 자라다 6월쯤 되어서 흔적 없이 사라진다. 7월초 잎이 없는 상태에서 꽃이 살며시 머리를 내밀고 아름다움을 뽐내다 8월 중순쯤 시들어 버린다.

평생을 살지만 꽃과 잎이 만나기를 간절히 원해도 평생을 만날 수 없는 것이 상사화의 일생이다. 때문에 '이루어질 수 없는 사랑'이란 꽃말을 지녔나 보다.

깊은 산속 어느 암자에 한 스님이 죽을 각오로 공부를 하고 있었다. 그 옆방에는 죽을병을 고치러 온 처녀가 묵게 되었다. 기도 덕분인지 죽을병은 조금씩 나아졌다. 그러나 가부좌跏趺坐를 튼 스님은 옆방에 유숙하는 처녀 생각에 영 공부가 되지 않았다. 그래서 어느 날 바랑을 짊어지고 바람같이 사라져 버렸다.

스님이 절을 떠나 버리자 혼자 남은 처녀는 온통 스님 생각으로 죽을병이 다시 도졌다. 스님은 그 소식을 듣고 급히 암자로 돌아왔으나 오는 동안 여러 날이 지나 이미 처녀는 목숨이 다해 버렸다. 처녀가 죽은 방문 앞 뜨락에는 낯선 꽃 한 송이가 피어있었다. 사람들은 그 꽃을 처녀의 죽은 넋이라고 입을 모았다고 했다. 이 전설이 바로 상사화다.

그런 전설을 가진 상사화가 볼수록 애잔해 보인다.

# 칠보산



방학이 끝나가는 주말 칠보산을 찾았다. 모처럼 남편과 가는 산행이지만 여러 사람이 모인 일정이어서 마음의 부담이 생겼다. 몇몇 부인들은 그냥 차에 남아 시간을 보낼 모양이었다. 난 등산화 끈을 조이고 햇살이 따갑게 비치는 노란 마타리가 핀 신작로를 따라 칠보산 진입로에 들어섰다.

산을 오르다 보니 몇 해 전 지인들과 함께 산행했던 곳이었다. 겁부터 났기 때문에 조심조심 스틱을 떼어놓으며 걸어 올랐다. 장마가 그친 후 며칠 되지 않아 계곡물은 하얀 물보라와 함께 맑게 흐르고 있었다.

30분도 채 되지 않았는데 숨이 막혀 쓰러질 것만 같은 느낌이 들었다. 몸은 땀으로 범벅이 되고 한 발자욱도 뗄 수 없을 만큼 숨이 찼다. 이마에서 흐르는 땀이 눈으로 들어가 따가웠다.

늘 산에 가면 앞잡이를 하는 남편이 나를 앞세우고 가려니 얼마나 속이 탈까. 있는 힘을 다해 걷지만 진전이 없어 미안한 생각이 들었다. 그때 마침 나 같은 동료가 뒤에 오고 있었다. 그와 함께 내려와 개울물에 발을 담갔다.

동지가 생겨 훨씬 마음이 가벼웠다. 계곡의 돌에 앉아 발을 담그고 신선처럼 시간을 보냈다. 발끝부터 전해오는 시원함이 온몸의 땀을 식혔다. 배낭에 있는 풋사과를 꺼내 나누어 먹으며 고개를 드니 잡목림 푸른 숲 사이로 파란 하늘이 보인다.

조금 후엔 우리처럼 힘들어 하는 사람들이 뒤처져 그곳에 도착했다. 그들에게 남은 사과 한 개를 주고 일어나 등산화를 손에 들고 맨발로 산길을 걸었다. 어떤 곳은 진흙이라 촉감이 매끈거리고, 비에 쓸려나가 왕모래가 보이는 곳은 발바닥이 아팠다. 그러나 오랜만에 걸어보는 산길이기에 마음은 더 상쾌했다. 땅의 기운이 온몸으로 퍼져 모든 잔병들이 사라지는 느낌이 들었다.

십오 분 남짓하게 산길을 내려오니 세찬 물소리와 돌이 가득한 넓은 계곡이 펼쳐졌다. 바지를 허벅지까지 걷고 돌에 서서 세차게 흐르는 물에 다리 물마사지를 했다. 초록으로 가득한 숲 속. 흐르는 물과 함께 삶의 잡다한 생각들을 모두 씻어내고 있는듯했다.

얼마 만에 느껴보는 자연과의 교감인지 이런 감정들을 행복이라 말하나 보다. 젊은 시절엔 등산가서 정상을 가지 않으면 그 산을 다녀왔다고 할 수 없을 만큼 정상에 대한 집착이 강했다. 그러나 지금은 그 욕심도 거의 사라졌다.



자연은 사람들의 지친 마음을 말없이 품어준다. 시기와 질투도 없으며 순결한 소녀처럼 꾸미지 않아도 아름답다. 전혀 오염되지 않은 맑은 샘물 같다. 또한 사람의 마음을 치료해주고 푸른 에너지를 공급하여 새 힘을 전해준다. 값도 없이 많은 것들로 피곤해진 영혼을 적셔주고 재충전의 기회를 제공해준다.

처음 올라갈 때 그 피로는 다 어디로 갔는지 씻은 듯이 사라졌다. 일곱 가지 보석보다 더 아름다운 칠보산, 정상은 오르지 못했지만 자연의 큰 선물을 가득 안고 여유 있게 내려왔다.

# 가을 뜰에서



우리 집 작은 뜰에 가을이 소리 없이 내려앉았다. 노란 미역취, 보라색 층꽃, 한라돌쩌귀, 그리고 분홍색과 흰색의 구절초, 진향 향을 가진 보랏빛 꽃향유, 샛노란 섬감국, 코발트빛 잔대를 바라보며 꽃빛깔처럼 고운 가을 향기에 젖는다.

작은 뜰에서 맞이하는 가을은 별로 볼품은 없지만 나름대로 운치가 있다. 그곳에는 계절이 시간의 흐름에 따라 질서 있게 오가고 자연의 섭리가 보이진 않아도 조화롭게 진행된다. 그 소박한 모습에서 일상에 지친 마음이 옹달샘처럼 맑아진다. 그리고 진한 가을향기는 벌과 나비, 사람을 불러 모은다. 가끔 잠자리도 날아온다.

들꽃들은 봄부터 자라 작은 싹을 틔우고 계절에 맞게 꽃을 피워 벌에게 꿀을 나누며 함께 살아간다. 자연은 있는 그대로 자연스럽다. 자연스러움은 아름다움을 동반한다. 또한 사람들은 자연을 벗 삼아 많은 사색과 관찰을 통해 삶을 이룬다.

한두 포기 구해 심은 꽃들이 세월이 지남에 따라 포기를 늘리고 가을 뜰 안을 화사하게 연출한다. 가을하늘보다 더 파랗게 핀 잔대. 가을꽃들의 청초한 모습은 화장하지 않은 맑은 소녀의 얼굴 같다. 그럴 때마다 지난 시절이 스크린에 상영되는 영화처럼 스쳐 간다.



담쟁이의 작은 잎도 어느새 고운 옷으로 갈아입었다. 계절만큼이나 화려한 색이다. 초록으로 여름내 흙벽돌 벽에서 강인함을 보이더니 찬바람에 어쩔 수 없이 따뜻한 빛깔로 겨울을 준비한다. 그 고운 옷에 빠져 한참을 들여다 보니 잎 속에 어머니 모습이 떠오른다. 환한 웃음을 지으신 말없는 어머니, 불러도 대답 없는 그리운 어머니, 몇 번을 생각하며 바라보아도 지루하지 않고 더 정답게 다가오는 어머니의 포근한 얼굴이다.

분주한 일상에 가을 산을 찾진 못해도 우리 집 작은 뜰에서 맞이하는 가을이 있어 나는 감사한다. 고대광실高臺廣室도 아닌 평범한 사람들이 사는 작은 집이다. 나에게 알맞게 지어진 집, 그 뜰에서 작은 꿈을 심고 기르며 그곳에서 얻는 작은 기쁨은 마음 한곳을 여유롭게 채워준다.

'사람은 어디에 사는 것이 중요한 것이 아니라 어떻게 살고 있는가가 중요하다.'고 여학교 때 열을 올리며 말씀하시던 사회선생님이 생각난다. 그 시간이 돌아오면 열심히 귀를 기울였던 기억도 생생하다. 지금 생각해보니 참 멋있었던 분이다.

삭막해지는 현대의 메마른 정서는 사람의 마음을 매우 피곤하게 해준다. 그런 삭막하고 메마름을 다소 덜어 줄 수 있는 것이 우리 집의 작은 뜰이다. 들꽃 포기마다 내 손길이 함께 깃들여 있어 더욱 더 소중하다. 땅은 정직해서 들꽃에 정성을 쏟은 만큼 내게 보답해 준다.

하루의 지친 마음들을 가을 뜰에서 곱게 핀 들꽃들을 바라보며 말없이 전해지는 향기 속에 푹 잠긴다. 그리고 가을 향기로 마음을 맑게 씻는다.

"가을에는 기도하게 하소서." 김현승님의 시를 음미하며.

# 섬감국



우리 집 작은 뜰에 가을이 오고 있다. 보랏빛 모싯대, 노란 미역취, 층꽃, 분홍구절초, 잡초밭 같은 곳에 찾아온 가을은 멀리 가지 않아도 삶의 운치를 더해 준다. 며칠 전부터 피기 시작한 섬감국의 샛노란 빛깔이 파란 하늘과 어우러져 내 마음을 사로잡는다.

옥상 올라가는 계단 및 시멘트 바닥의 틈새에 봄부터 풀 한 포기가 자라기 시작했다. 구절초 씨앗이 떨어져 자라는 것 같아 가끔 물을 주었다. 계단을 오를 때마다 '그 틈새에서 살 수 있을까!' 생각하며 뽑지 않고 두었더니 그 모진 환경에서도 잘 자라 파란 하늘 아래 고운 꽃을 피웠다. 구절초인 줄 알았는데 샛노란 감국이었다. 향기도 제법 많이 났다. 길가의 민들레처럼 모질게 자란 감국은 키도 적당하고 꽃도 제법 싱싱하게 피어 벌을 불러들이고 있다.

빨래를 말리려 옥상 오르는 계단에서 여러 가지 생각에 잠기게 되었다. 섬감국 핀 곳에 작은 벌들이 많이 날아왔다. 그 꽃은 계단 아래 있어 옥상 갈 때만 보인다. 밖에서는 전혀 보이지 않는다. 그리 크지 않은 감국 한 포기였는데 꽃이 많이 피어 향기가 무척 진했다. 도심지 가운데에 벌이 어떻게 알고 날아오는지 신기하기만 하다. 온통 자연이 아닌 집들로 가득 찬 골목에 모여드는 나비와 벌들, 향기가 천리만리를 가는지 알 수 없지만, 벌과 나비들로 우리 집 작은 뜰은 소박한 가을잔치가 열린다.

꽃은 묵묵히 시절에 따라 꽃을 피우고 열매를 맺고 씨앗이 되어 다음 해를 준비한다. 노란 감국에 날아든 작은 벌을 보며 생명을 가진 인간은 그들보다 나은 것이 무엇이 있나 생각해 보니 부끄럽다. 아무도 보이지 않는 곳에 핀 꽃이지만 전해지는 향기로, 여러 마리의 작은 벌들을 먼 거리를 찾아 날아오게 한다.

감국은 무더운 여름내 벽돌담만 보이는 곳에서 불평 없이 꿋꿋하게 자라, 때를 맞추어 꽃을 피워 벌 나비를 부르니 그 모습이 얼마나 고귀한가? 자연은 살아가면서 사람들에게 느낀 서운한 마음을 깨끗이 씻어준다.

그 꽃은 내가 남쪽 어느 바닷가에 갔을 때 국화와 닮아 몇 뿌리를 캐어 왔다. 낯선 곳에 정을 내리고 우리 집에서 자리를 잡아 향기까지 발하며 벌 나비를 불러들이고 있다.

향기는 보이지 않으나 벌과 나비가 모여든다. 아무리 낯선 곳이라도 장애물을 넘어 향기가 있는 곳을 찾아든다. 시킨 사람도 없고 알려 준 이도 없는데…….



그 사람 이름만 들어도 향기가 전해지는 그런 사람은 어떨까? 벌과 나비가 꽃 냄새를 맡고 찾아오는 것처럼 주변 사람들을 넉넉하게 품는 사람을 생각하며 섬감국의 향기를 맡는다.

# 꽃 바이러스



저녁나절 옥상에서 이웃집을 내려다본다. 우리 집을 중심으로 골목집들은 여러 가지 꽃들로 물들고 있다. 꽃과 더불어 사는 내겐 그 모습을 바라보는 것만으로도 정말 행복한 시간들이다. 옮겨가는 직장마다 꽃을 가꾸며 지내니 나만이 아니라 다른 사람에게도 아름다움을 전해주게 된다.

우리 동네는 살다가 형편이 나아지면 아파트로 가는 사람들이 많다. 이곳에 사는 동안 여러 집들이 이사를 했다. 올해도 새로 몇 집이 바뀌었다. 우리 집 대문이 열려 있던 날 이들이 집안을 돌아보더니 꽃이 매우 많아 보기 좋다고 이야기꽃을 피웠다.

내가 이곳에서 살기 시작한 것은 거의 30년이 되었다. 어찌 생각하면 미련하게 오래 사는 것 같다. 그러나 그 생각도 잠시뿐이다. 작은 평수의 주택이지만 걸어 다닐 수 있는 길을 제외하고는 모두 심을 수 있는 공간으로 마련이 되어 있다.

이 집을 처음 선택하게 된 이유 또한 작은 공간을 뜰로 조성해 놓은 것이 마음에 들어서였다. 다른 사람이 보기엔 답답해 보이는지 "왜 아파트로 옮겨가지 않느냐?"라고 얘기할 때도 있다. 그러나 개의치 않고 오랜 세월동안 묵묵히 작은 뜰을 열심히 가꾸었다. 야생화를 심느라 꽃집도 여러 곳을 다니고 잔돈푼도 많이 나갔다. 거의 꽃중독자처럼 인터넷, 식물원, 꽃시장으로 바쁘게 다녔다. 이제는 시간이 흘러 주위 사람들에게 조금씩 나누어 주어도 될 만큼 여분이 생겼다.



앞집 아주머니도 꽃을 좋아하여 가진 것들을 나누다 보니 한집 두 집 꽃을 가꾸기 시작하였다. 왠지 보기만 해도 마음이 흡족하다. 우리 집이 아니어도.

오늘은 옆집에서 덜그럭거리는 소리가 났다. 열린 대문 안을 들여다보니 작은 마당에 깔린 보도블록을 들어내고 화단을 만들고 있었다. 자기 집만 너무 삭막한 것 같아서 꽃을 심어보려 한다고 했다. 집주인은 이마에 땀방울이 송골송골 맺힌 채 이야기를 하였다. 이웃이 한집 두집 꽃밭으로 변해가는 모습을 보니 정말 흐뭇했다.

그리고 요즈음 달라진 풍경은 그들이 집에 있을 때엔 대문을 열어 놓고 지낸다. 이것도 꽃으로 인해 소통하게 되었기 때문이다. 사람들이 순박하고 솔직하며 속내를 다 드러내고 지낸다. 우리 집은 자주 비어 대문을 걸고 지내기 때문에 그들이 꽃을 보고 싶을 때 못 보아 미안할 때도 있다.

새로 이사 와 열심히 꽃밭을 가꾸는 모퉁이 집에 꽃달개비와 하늘매발톱, 매화바위솔을 드렸더니 얼른 정성껏 말려 두었던 말린 고사리를 꺼내 주셨다. 모처럼 만에 느껴보는 이웃과의 나눔의 정이 눈물 나게 감사하고 고마웠다. 정든 고향처럼 그렇게 정을 나누며 지내고 있다.

나는 요즈음 그들에게 많은 것을 배운다. 소통과 나눔이다. 오늘도 옆집에서 만든 화단에 꽃범의꼬리, 플록스, 미역취, 구절초, 매발톱을 심어주었다. 집에서 가꾼 들꽃들을 나누어 주며 그들의 마음 밭에 행복의 꽃밭을 만들어 주고 싶다.

# 한가위



살랑살랑 부는 바람에 코스모스가 하늘거린다. 파란 하늘에 잠자리가 날고 어느새 창가의 햇빛에 눈길이 머무는 계절이 되었다. 창밖의 감도 주홍빛으로 물들고 한가위가 하루하루 가까워 온다.

어린 시절 여름방학이 끝나면 학교에서는 추석 명절을 앞두고 운동회연습을 하였다. 추석 때 객지에서 살던 사람들이 고향을 찾아 함께 모여 정을 나누기 때문이다.

어머니는 들의 곡식도 추석을 생각하며 농사를 지었다. 봄에 열심히 재를 뿌리고 심었던 밭두둑의 동부와 밤콩은 잘 영글어 어머니의 광주리에 담겨진다. 송편에 필요한 것들을 시장에 내다 팔기 위해서였다. 그래야 자식들 옷도 사주고 명절 준비를 할 수 있는 것을 삶을 통해 터득하신 것이다.

내 고향은 청주 변두리의 작은 마을이었다. 사촌부터 10촌이 넘는 친척들까지 한마을에 집성촌을 이루고 살았다. 그때만 해도 아버지는 오형제 중에 넷째라 어머니는 명절 때만 되면 큰댁에 가서 밤늦도록 송편을 빚으셨다.

달빛 아래 도란도란 모여 앉아 친척들끼리 빚는 송편은 생각만 해도 정겨웠다. 멀리 떠나있던 동기간들이 고향을 찾아와 모두 웃음꽃을 피우며 밤이 이슥하도록 대청마루에 둘러앉아 송편을 빚었다. 솜씨는 모두 달랐지만 반달 같은 모양이 대부분이었다.

송편의 유래는 백제 의자왕 때 궁궐에서 발견된 거북이의 등껍질에 백제는 만월, 신라는 반달이라는 글씨가 새겨져 있었다고 한다. 한 점쟁이가 백제는 달이 차서 곧 기울어 망하고, 신라는 앞으로 흥한다고 하였다. 둥근달은 곧 기울지만 반달은 계속 커지니 보다 나은 미래를 상징한다 하여 반달 모양으로 송편을 빚게 되었다고 한다.

송편을 빚어 솔잎을 깔고 찜통에 익히면 솔 내음이 집안에 가득 찬다. 그 송편이 익을 때까지 밝은 달을 벗 삼아 놀며 기다렸다.

익힌 송편을 금방 씻어 솔잎을 떼고 참기름 묻혀 맛을 보면 쫄깃한 살과 함께 씹히는 맛은 생각만 해도 군침이 돈다. 그것보다 더 맛있는 것은 식은 후에 송편에 붙은 솔잎을 하나하나 뜯어내고 먹는 것이다. 그때는 냉장고도 없어 솔잎이 붙은 채로 송편을 광주리에 담아 광에 보관하여 며칠씩 먹기도 했다. 조상들은 음식보관을 살면서 배운 지혜를 실제 생활에 접목하며 살았다.

요즈음은 송편도 시장의 떡집에서 필요한 만큼 팔기 때문에 거의 빚지 않는다. 유치원에서라도 경험해 보는 것이 좋을듯해 체험학습으로 유아들과 함께 추석이 가까워 오면 송편을 빚는다. 여러 모양으로 볼품은 없지만 작은 고사리손으로 여러 번 주물러 빚어 쫄깃쫄깃하고 맛이 있다.

올 추석에는 쌀가루를 조금 빻아다가 어린 손녀와 송편을 빚고 싶다. 그리고 하늘의 넉넉한 보름달을 곁에 두고 식구들과 정담을 나누고 싶다. 보름달이 환하게 뜬 한가위 밤도 기다려진다. 우리 집 옥상에서 달맞이 할 밝은 달밤을 기대하며.

# 낙엽을 밟으며



황금같이 귀한 시월의 주말이다. 산은 온통 화려한 단풍으로 장식되어 가을의 절정인데 아침부터 가을비가 내린다. 가을비에 수북하게 떨어진 낙엽을 밟으며 아침 산책을 한다. 왠지 낙엽을 밟는 마음이 서글픈 생각이 든다. 낙엽을 밟으며 잠시 사색에 잠긴다.

며칠 전부터 출장을 가게 되어 생각지도 않은 가을의 풍광을 가까운 곳에서 보게 되었다. 방문하는 곳마다 가을이 화려하게 펼쳐있는 것이다. 노란 은행나무와 커다란 느티나무가 수호신처럼 버티어 학교를 지켜주는 것 같았다. 은행나무와 단풍나무가 함께 건물과 조화를 이루며 꿈나무들과 함께 살아가고 있었다.

우리나라의 가을은 결실의 계절만큼 자연도 풍성하며 아름답다. 잘 가꾸어진 학교 숲과 또한 교정의 국화꽃 향기가 나그네에게 향수에 젖게 한다. 흙으로 다져진 산골 학교의 작은 운동장이 정겹게 눈 안으로 들어온다.

요즈음 도시의 운동장은 온통 인조잔디로 흙을 볼 수 없게 조성되었으나 산골에서 자연 그대로의 모습을 보니 어린 시절 운동회하던 일들이 주마등처럼 스쳐갔다. 마음에 신선하게 다가오는 농촌의 정겨운 풍경이다. 도시의 건물을 자주 바라보며 지내던 내겐 설렘으로 가득했다.



눈길 머무는 산자락 계곡에는 맑은 물소리와 파란 하늘이 꿈결처럼 흐르고 있다. 쇠잔해진 눈과 마음을 온통 정결하게 씻어주었다. 귀가하는 길에 잠시 계곡에 서서 그곳에 담긴 파란 하늘과 주변의 오색 단풍을 바라본다. 신선이 따로 없다. 내가 신선이다. 먼 길을 떠나지 않아도 눈에 가득한 가을은 지난 시간을 가까이 다가오게 했다.

40년 전 이 길을 구두를 벗어 손에 들고 얇은 스타킹만 신은 채 걸었다. 면 소재지까지 버스가 다니고 그곳에서 이십여 리 떨어진 친구가 있는 곳까지는 가지 않는다고 했다. 높은 구두를 신고 먼 길을 걸을 수 없기 때문이었다. 호젓하게 난 산골의 개울 길을 따라 한참을 걸어가다 보니 친구가 근무하는 학교에 도착했다.

목이 말라 물을 찾자 친구는 옹달샘으로 나를 안내했다. 학교 아이들이 그 옹달샘 물을 먹는다고 했다. 자루가 긴 조롱박 바가지로 물을 한 모금 떠서 마시니 물맛이 꿀맛이었다. 아련한 추억이다. 동심으로 가득한 그곳의 작은 학교도 소식을 들으니 문을 닫고 면 소재지에 있는 학교와 통폐합이 되어 운영되고 있다고 한다.

도회지로 떠나는 사람들로 인해 시골학교가 하나 둘 폐교가 되는 현실이 안타깝다. 그러나 내가 방문한 산골 작은 학교에는 귀농한 이들의 자녀들로 조금씩 자리를 잡아가고 있었다. 떠나는 사람도 있지만 자연을 찾아 돌아오는 사람들이 있는 것이 감사하고 다행이었다.

이렇게 아름다움이 살아 숨 쉬는 곳에서 자녀들이 꿈을 키우고 미래의 삶을 가꾸어가는 젊은이들이 늘어 가면 좋겠다. 가을 정취가 가득한 산마을 배움터에.

낙엽을 밟으며 멈추었던 발걸음을 다시 옮긴다.

## 새봄을 기다리며



입춘이 지났다. 해마다 돌아오는 계절이지만 올해는 유난히 추운 겨울이었다. 바쁜 생활에서 한 번씩 바라보는 작은 뜰에 흰 눈이 쌓였다. 아직 이르지만 봄눈이라고 부르고 싶다.

수선화 싹이 흰 눈 속에 살며시 고개를 내민다. 아무리 추워도 때가되면 봄은 천천히 우리 곁으로 다가 온다. 그 추운 날들을 땅속에서 견디고 싹을 틔우는 난쟁이 수선화가 봄이 오는 것을 가장 먼저 내게 알려주는 꽃이다. 새봄에 그 작고 노란 꽃을 피우기 위해 꽃이진 후 여름부터 겨울까지 긴 잠을 자며 꽃피기를 기다린다. 그 기다림은 은은한 향기와 노란 봄을 가득 담아 말없이 전해주며 봄바람이 불면 작은 몸짓에 샛노란 웃음으로 정겨움을 더해준다.

봄은 생명이 있어 잠자던 것들이 깨어나는 계절이다. 입춘이 지나면 바람도 다르다. 차가운 듯하지만 사람의 품안으로 파고든다. 양지바른 언덕엔 어린 쑥들이 자라고 아지랑이가 피어오른다. 오늘은 그런 봄언덕을 그리며 비발디의 사계 중에 '봄'을 듣고 싶다.

도톰해진 매화봉오리에 봄이 서려있다. 그 작은 봉오리는 봄 향기와 함께 내게 기다림을 갖게 한다.

봄을 기다리는 마음은 설렘, 표현할 수 없는 희망으로 가득하다. 매화가 필 때 풍기는 향기와 가지에 달린 작은 꽃이 전해주는 봄소식에 눈길이 머문다. 하나님은 우리들에게 함께 살아가라고 자연을 선물로 주셨다.

지난주엔 봄을 기다리는 마음으로 풍란을 분갈이 했다. 분갈이는 한 해 동안 새로 자란 뿌리는 남기고 묵은 뿌리와 썩은 뿌리를 잘라준다. 또한 부서진 수태를 새것으로 갈아주어 새 보금자리를 만들어 주는 것이다.

자연은 정직하게 내가 관심을 가지고 공을 들인 만큼 보답해준다. 풍란은 봄이 오면 새로 갈아준 수태에 신아新芽를 올리며 살아 있음을 알린다. 분갈이를 마치니 힘은 들었지만 밀린 숙제를 다한 것처럼 개운했다.

분갈이를 하면서 사람 사는 모습을 생각하게 된다. 어느 것은 뿌리 중간부터 썩어 과감히 잘라주고 삐뚤어진 뿌리는 바로잡아 준다. 상한 부분은 잘라주어야만 다시 새 힘을 얻어 더 튼튼히 자라게 된다.



우리들 삶도 이와 같이 더러는 잘라내야 할 부분이 있다. 그것을 자르지 않으면 언젠가는 후회하는 날이 올 수도 있다.

이달이 지나면 새봄은 내 곁으로 더 가까이 다가온다. 매서운 추위를 이기고 어두운 땅속에서 돋아나는 수선화, 겨우내 찬바람을 견디며 핀 매화, 맑은 신아를 싹틔우는 풍란처럼 새롭게 시작하고 싶다.

떨어지는 해가 곱게 벽돌 담장을 비추고 있다. 내일 아침이면 다시 동쪽 하늘에 밝은 해는 떠오른다. 이제 겨우내 묵은 때를 씻어내고 가벼운 마음으로 주어지는 새 날들을 위해 힘찬 발걸음을 내딛자. 설렘 속에 찾아올 희망찬 새봄을 기다리며.

# 채송화



여름철 따가운 햇볕을 받고 무럭무럭 자란 채송화가 곱게 피었다. 지난해 공사를 하며 관리가 제대로 되지 않아 걱정을 많이 했는데 생각과는 달리 원사 주변 채송화가 자라던 곳에 작은 싹들이 많이 돋아나 마음의 염려를 덜어 주었다.

씨앗이 고운 모래 같아 비와 함께 밀려가 물이 괴는 보도블록 틈새에 빼곡하게 싹이 나서 줄지어 자라고 있다. 그곳이 터전인 줄 알고 자라는 모습이 안쓰럽다. 사람들에게 밟힐까 염려되었지만 가끔 물도 주어 정성들여 가꾼 후 빈 화분 곳곳에 옮겨 심었다. 그 작은 싹들이 자라 강한 여름 햇빛을 받으며 여러 빛깔의 고운 꽃이 요즈음 우리 유치원 곳곳에 피어 배움터 가족들에게 즐거움을 주고 있다.

방부목화분에 가득 채워진 채송화는 아침이면 화려한 꽃잎을 활짝 피워 오가는 사람들의 발길을 잡는다. 마음 설레게 하는 그 고운 채송화는 오후 정오쯤 꽃잎을 오므려 삶을 마감한다. 생각하면 너무 애처롭다. 몇 시간 살기에 그렇게 고운 꽃을 피우는지……. 그리고 며칠 후에 빛바래 칙칙해진 꽃잎 속, 아주 작은 도토리 뚜껑 같은 씨방에 까만 씨앗을 만든다. 그늘만 제외하고 까다롭지 않게 자라는 그 꽃이 볼수록 호감이 간다.



화려함에 비해 너무 짧은 생이다. 채송화의 삶은 아랑곳없이 보석밭 같은 채송화에 취하여 하루하루를 보낸다. 봄꽃이 시든 자리를 채송화로 채워서 유원장과 유치원 주변에 생기가 돈다. 바깥놀이 산책 시간에 유아들도 그 주변에서 한참을 바라보기도 한다. 그 모습만 바라보아도 행복하다.

채송화는 귀화 식물로 남아메리카가 원산지이다. 우리나라에 심겨져 오래전부터 사람들에게 많은 사랑을 받아왔다. 내가 어릴 때 보았던 기억으로는 시골 집안 마당, 흙벽돌 담 밑이나 장독대 주변에서 자연스럽게 자라던 꽃이다. 언제부터인지 도입종 꽃에 밀리어 그 자리를 내어주고 한동안 보기가 어려웠는데 옆에서 그 꽃을 키우며 보고 있으니 다시 그 시절로 돌아간 것 같다. 어린 시절 함께했던 꽃에 대한 향수 때문인지 사람들의 마음에 채송화가 그리움으로 남아 요즈음은 다시 가꾸기 시작한다.

부임하던 해 비가 내리던 여름날 원사 옆에 사시는 할머니께서 플라스틱 그릇에 어린 채송화를 가득 담아 분양을 해 주셨다. 그 꽃에 할머니의 정이 가득 담겨있어 더 정이 간다.

채송화는 생명력이 강한 꽃이다. 꺾어 심어도 며칠 되지 않아 줄기에서 흙에 뿌리를 내려 싱싱하게 자란다. 지난주에도 여러 가지 빛깔이 어울려 피도록 색깔별로 꺾어 화분 여러 곳에 심었다. 튼튼히 자란 채송화를 보면 아주 자립심이 강한 사람 같다. 양지쪽에서 뜨거운 태양 아래 굵고 튼튼한 모습으로 핀 것, 그늘에서 힘없이 연약하게 자란 것, 반그늘에서 자란 것 모두 다르다. 사람 모습이 다르듯이. 이왕이면 강한 햇빛에서 튼튼하게 자란 채송화처럼 우리 아이들이 그렇게 자랐으면 얼마나 좋을까.

고향집에서 꽃밭 제일 앞쪽에 자라던 채송화를 생각해 본다. 마중물 옆에 있던 채송화는 고운 꽃을 피워 시골의 한나절을 곱게 물들였다. 채송화가 피기 시작하면 점심준비를 시작하셨던 고향

집의 어머니도 생각난다. 채송화 씨앗이 영글면 그 앞에 쪼그리고 앉아 연한 갈색으로 변한 채송화 열매 뚜껑을 재미로 열었던 기억도 아련하다. 그 고운 빛깔을 유치원에서 보니 옛 생각에 사로잡혀 지난 시절이 또 그리워진다. 채송화 같은 강인한 삶을 살기를 원하며.

# 봄소식



퇴근시간에 바라본 서쪽하늘엔 해가 좀 길게 걸리었다. 겨울엔 해가 진 후 퇴근을 했는데 어느덧 해가 길어진 셈이다. 봄이 곁으로 조금씩 다가온다. 햇살 또한 한겨울과는 달리 차갑긴 하지만 만지고 싶다. 맘에 설렘이 인다. 어린아이처럼. 우리 집 뜰에도 마른 풀들을 비집고 돋아나는 수선화 싹이 세상 구경을 하러 머리를 내밀고 있다. 도톰해진 매화봉오리, 왜철쭉, 모두 따뜻한 봄 햇빛을 간절히 기다리며 봄바람과 속삭인다. 잎이 없는 나뭇가지에 앉아있는 새도 봄을 기다리는지 청아하게 지저귄다.

겨울 방학이 끝나고 2월에 접어들면 금세 입춘을 맞게 된다.

입춘立春은 24절기 중 대한大寒과 우수雨水 사이에 있는 절기이다. 태양의 황경黃經이 315°일 때 봄이 시작된다고 하며 그날이 양력 2월 4일경이라고 한다. 어린 시절 2월 초에 큰 대문이 있는 집은 대문에 '立春大吉'을 문종이에 붓글씨로 크게 써서 붙이고 한 해의 무사함을 기원하는 풍습도 있었다. 지금은 주거 문화가 아파트로 바뀜에 따라 그런 풍속은 서서히 사라져가고 있다.

이맘때 시골 들녘 논둑엔 제일 먼저 봄이 온다. 그곳은 햇빛을 가장 많이 받는 곳이기 때문이다. 소꿉친구들과 함께 나물바구니를 들고 씀바귀를 캐러 논둑으로 향한다. 논둑은 햇빛을 받아 녹아있다. 양지바른 논둑에는 씀바귀가 드문드문 살아 있다. 겨울 동안 모진 눈보라를 견디며 봄을 기다린 나물이다.



시린 손을 녹이며 호미로 논둑 미어지는 것은 아랑곳없이 씀바귀를 캔다. 캐낸 씀바귀에 붙은 흙을 털면 노란 잔뿌리가 먹음직스럽다. 다 채우지 못한 바구니를 들고 종종걸음으로 해 지기 전 집으로 돌아온다.

어머니는 씀바귀를 뜨거운 물에 데쳐 쓴 맛을 우려낸 다음 고추장과 참기름을 넣고 맛있게 무쳐 주셨다. 맛은 썼지만 내가 캔 나물이기에 얼굴을 찡그리며 먹기도 했다. 아련한 추억이다.

눈이 녹으면 작은 뜰로 나가 살핀다. 봄이 오는 것을 뜰에서 찾기 위해서이다. 어김없이 노란 싹을 내미는 수선화, 올해도 약속이나 한 듯 나를 반긴다. 분명 봄은 쉽게오지 않는 다는 것을 잘 안다. 몇 번의 모진 추위가 힘들게 할 것을 알면서 이겨내는 인내, 또한 대단하다. 사람들은 추워서 몇 겹씩 옷을 끼어 입고 난방을 하며 추위를 견딘다.

수선화는 어두운 땅속에서 기나긴 겨울을 보내며 손꼽아 봄을 기다렸을까. 또다시 모진 추위가 노란 수선화에게 다가올까 두려움이 앞선다.

자연과 절기는 때를 따라 봄소식을 전해준다. 우리 삶의 봄소식은 언제 반갑게 내 곁으로 전해질 것인가. 젊은이들의 일터와 어려운 사람들의 삶의 터전이 때가 되면 돋아나는 새싹처럼 그렇게 될 수는 없는 것일까. 때로는 막막한 현실이 안타까울 뿐이다.

그렇다고 절망만이 있는 것은 아니다. 어딘가의 틈새에 한 줄기 빛을 찾아 주어진 현실을 이겨내야지. 언 땅을 뚫고 돋아난 수선화처럼 내게도 들려올 반가운 봄소식을 기다려본다.

이효순 수필집

# 닭고기 간다

**인 쇄**__ 2013년 8월 20일
**발 행**__ 2013년 8월 30일

**저 자**__ 이 효 순
**발행인**__ 서 정 환
**발행처**__ 수필과비평사

**출판등록**__ 1984년 8월 17일 제28호
**주 소**__ 서울시 종로구 삼일대로 32길 36
(익선동 30-6 운현신화타워 빌딩) 301호
**전 화**__ (02) 3675-5633, (063) 275-4000 · 0484
**팩 스**__ (063) 274-3131
E-mail__ sina321@hanmail.net
essay321@hanmail.net

**값 10,000원**

ISBN 978-89-98524-88-3 03810

이 도서의 국립중앙도서관 출판시도서목록(CIP)은 서지정보유통지원시스템 홈페이지(http://seoji.nl.go.kr)와 국가자료공동목록시스템(http://www.nl.go.kr/kolisnet)에서 이용하실 수 있습니다.(CIP제어번호: CIP2013015628)